느낌을 나타내는 말 ❶

✏️ 다음 상황에 어울리는 낱말을 사다리를 타고 내려가 빈칸에 쓰세요.

짠맛이 나는 바다에서 자란 굴의 맛이에요.

석류 살을 먹어 보면 조금 신맛이 나요.

덜 익은 감은 개운하지 못한 맛이 나요.

매운맛이 나는 고추를 넣은 음식의 맛이에요.

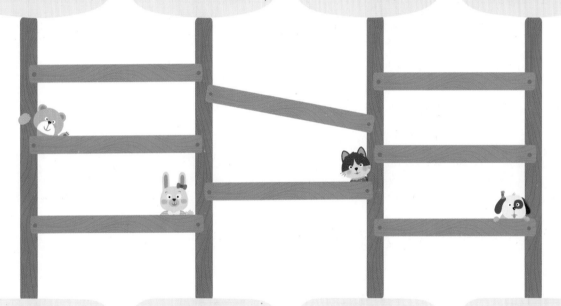

떫다
맛이 쓰고 텁텁하다.
비슷한말 텁텁하다
반대말 개운하다, 산뜻하다

매콤하다
맛이 조금 맵다.
비슷한말 얼큰하다, 맵싸하다

짭짤하다
맛이 조금 짜다.
비슷한말 짭조름하다
반대말 밍밍하다, 싱겁다

새콤하다
맛이 조금 시면서 상큼하다.
비슷한말 시다, 시큼하다

우리는 혀로 다양한 맛을 느껴요. 음식을 먹고 '달다', '짜다', '쓰다', '맵다'와 같은 말로 맛을 표현할 수 있지요. 맛을 본 느낌을 나타내는 말을 알아보아요.

1 다음 낱말의 알맞은 뜻을 찾아 선으로 이으세요.

어휘
확인

(1)  새콤하다 •

• ㉮ 맛이 조금 짜다.

(2) 짭짤하다 •

• ㉯ 맛이 조금 시면서 상큼하다.

2 다음 낱말의 뜻에 맞게 (   )에서 알맞은 낱말을 찾아 ○표 하세요.

어휘
확인

(1)  매콤하다   맛이 조금 (맵다, 시큼하다).

(2)  떫다   맛이 (쓰고, 달고) 텁텁하다.

3 다음 문장의 밑줄 친 부분과 뜻이 통하는 낱말을 찾아 색칠하세요.

어휘
적용

(1) 청포도는 기분 좋은 정도로 <u>신맛이 약간 난다</u>.

| 달콤하다 | 고소하다 | 짭짤하다 | 새콤하다 |

(2) 주꾸미볶음이 조금 짜고 <u>매워서</u> 할아버지께서 좋아하신다.

| 느끼하다 | 매콤하다 | 쌉쌀하다 | 달짝지근하다 |

4 다음 중 밑줄 친 낱말을 알맞게 사용하여 말한 친구의 말풍선에 모두 색칠하세요.

어휘
적용

매운맛 나는 과자 한번 먹어 볼래? 매콤해서 맛있어!

이 음식은 진짜 아무런 맛이 나질 않아. 정말 짭짤하거든.

이 과일은 떫어서 먹고 나니 입 안에 조금 쓴 맛이 남아 있어.

5 다음 중 뜻이 서로 비슷한 낱말끼리 선으로 이으세요.

어휘
확장

(1) 떫다 •

(2) 새콤하다 •

(3) 매콤하다 •

• ㉮ 시큼하다: 맛이 조금 시다.

• ㉯ 텁텁하다: 맛이 개운하지 못하다.

• ㉰ 얼큰하다: 입 안이 얼얼할 정도로 약간 맵다.

짝꿍어휘

6 다음 낱말 뜻을 보고, 밑줄 친 낱말과 짝을 이루는 낱말을 ( )에서 찾아 ○표 하세요.

보기

• 간: 짠맛을 내려고 음식에 넣는 소금, 간장, 된장 등의 양념.
• 곡식: 쌀, 보리, 밀, 옥수수 등 주로 끼니가 되는 음식에 쓰이는 먹거리.

할머니는 간장으로 (간, 곡식)을 해서 미역국을 짭짤하게 만드셨다.

독해로
어휘 마무리

오늘의
나의 실력은?

최고야   좋았어   힘내자

1주 1일
정답 확인

○ **다음 설명하는 글을 읽고, 물음에 답하세요.**

계절마다 먹기에 알맞은 과일이나 채소, 해산물♦이 있어요. 계절에 맞게 먹어야 맛이 좋고, 풍부한 영양분을 얻어요. 그중 가을에 먹기 좋은 것을 알아보아요.

 석류는 붉은색 껍질 속에 물방울 모양의 작은 씨앗이 빼곡하게 들어 있어요. 씨앗을 감싸고 있는 말랑한 살을 먹으면 **새콤한** 맛이 나요.

 감에는 단감과 **떫은** 감이 있어요. 단감은 바로 먹지만 덜 익어 떫은 감은 바로 먹지 않고 홍시나 곶감으로 만들어 먹지요.

 고추는 붉은색 열매 속에 노란 씨가 들어 있어요. **매콤한** 음식을 좋아하는 사람은 요리할 때 매운맛이 나는 고추를 잔뜩 넣어요.

 굴은 껍데기가 울퉁불퉁한 조개예요. 바다의 우유라고도 불려요. 짠맛이 나는 바다에서 자라서♦ 날것으로 먹으면 맛이 ㉠**짭짤해요**.

♦ **해산물:** 바다에서 나는 동물과 식물.

♦ **날것:** 고기나 채소 등을 익히거나 말리거나 가공하지 않은 것.

7 ㉠'짭짤하다'와 뜻이 반대인 낱말을 두 가지 고르세요. (,   )

① 쓰다   ② 시다   ③ 싱겁다

④ 밍밍하다   ⑤ 짭조름하다

8 이 글의 내용으로 알맞지 <u>않은</u> 것은 무엇인가요? (   )

① 굴은 날것으로 먹으면 짭짤하다.

② 음식을 만들 때 고추를 넣으면 매운맛이 난다.

③ 떫은 감은 따자마자 바로 먹어야 제일 맛이 있다.

④ 석류의 씨앗을 감싸고 있는 살을 먹으면 새콤한 맛이 난다.

⑤ 과일이나 채소, 해산물은 계절에 맞게 먹어야 풍부한 영양분을 얻는다.

느낌을 나타내는 말 ②

✏️ 다음 퍼즐 모양을 보고, 빈칸에 알맞은 낱말을 쓰세요.

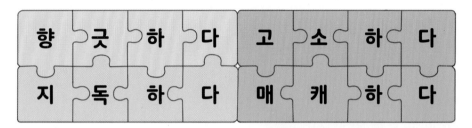

향 굿 하 다 　 고 소 하 다
지 독 하 다 　 매 캐 하 다

꽃에서 좋은 향기가 나요.

ㄴ 은근히 향기로운 느낌이 있다.

비슷한말 향기롭다　반대말 고약하다

숯에 불을 붙이니 매운 연기가 나요.

ㄴ 연기나 곰팡이 등의 냄새가 약간 맵고 싸하다.

비슷한말 맵다, 메케하다, 싸하다, 알싸하다

식물에게 주는 거름 냄새가 심해요.

ㄴ 냄새가 해롭거나 참기 어려울 정도로 심하다.

비슷한말 독하다　반대말 은은하다, 그윽하다

참기름 냄새를 맡으니 군침이 돌아요.

ㄴ 볶은 깨, 참기름 등에서 나는 냄새와 같다.

우리는 코로 냄새를 맡고 사물을 구별할 수 있어요. 맛있는 음식 냄새를 맡았을 때, 음식이 탄 냄새를 맡았을 때는 어떤 말로 표현하면 될까요?

어휘 2단계 1주 2일 ①

1 다음 낱말의 뜻에 맞게 ( )에서 알맞은 낱말을 찾아 ○표 하세요.

어휘
확인

(1) 향긋하다: 은근히 (메스꺼운 / 향기로운) 느낌이 있다.

(2) 매캐하다: 연기나 곰팡이 등의 냄새가 약간 (맵고 / 달고) 싸하다.

2 다음 낱말의 뜻으로 알맞으면 🍎에 ○표, 알맞지 <u>않으면</u> 🍎에 ○표 하세요.

어휘
확인

(1) 지독하다 냄새나 맛이 진하거나 세지 않고 약하다. ➡

(2) 고소하다 볶은 깨, 참기름 등에서 나는 냄새와 같다. ➡

3 다음 문장에 어울리는 낱말을 보기 에서 찾아 빈칸에 쓰세요.

어휘
적용

보기

매캐한, 향긋한

(1) 비누에서 나는 (   ) 냄새를 맡으니 기분이 좋다.

(2) 캄캄한 창고에 들어서자 (   ) 먼지가 날려서 답답하다.

4 다음 낱말이 들어갈 문장을 찾아 선으로 이으세요.

어휘
적용

(1) 지독하다 •

• ㉮ 방앗간 앞을 지나가는데 깨 볶는 냄새가 정말 ⬭.

(2) 고소하다 •

• ㉯ 부엌에 있는 상한 생선에서 나는 비린내가 매우 ⬭.

5 다음 중 뜻이 서로 반대인 낱말끼리 짝 지어진 것을 찾아 ○표 하세요.

어휘
확장

(1) 향긋하다 — 고약하다 (   )

(2) 매캐하다 — 알싸하다 (   )

짝꿍어휘

6 다음 낱말 뜻을 보고, ㉠~㉡에 들어갈 알맞은 낱말을 보기 에서 찾아 쓰세요.

─────── 보기 ───────

• 악취: 나쁜 냄새.
• 향기: 꽃, 향, 향수 등에서 나는 좋은 냄새.

사람들이 공원 곳곳에 쓰레기를 마구 버린 바람에 ⟨ ㉠ ⟩가 <u>지독하다</u>.
오늘부터 <u>향긋한</u> ⟨ ㉡ ⟩가 나는 공원을 만들도록 함께 노력하자.

㉠ ╪ 지독하다   향긋한 ╪ ㉡

독해로
어휘 마무리

오늘의
나의 실력은?   최고야   좋았어   힘내자

1주 2일
정답 확인

○ **다음 생활문을 읽고, 물음에 답하세요.**

> 주말에 나는 부모님, 누나와 캠핑장에 갔다. 누나는 들꽃을 구경하며 (㉠)
> 꽃향기를 계속 마셨다.
>
> 그런데 그때 어디선가 이상한 냄새가 풍겨 왔다. 나는 코를 막고 소리쳤다.
>
> "악! 아빠, 저쪽에서 **지독한** 냄새가 나요."
>
> "식물들이 잘 자라라고 ◆거름을 주는 모양이구나. 조금만 참아 봐."
>
> 얼마 뒤, 엄마는 저녁 준비로 바쁘셨다. 엄마는 기다랗게 썬 파에 고춧가루와
> 참기름을 넣고 골고루 섞으셨다. **고소한** 참기름 냄새에 나도 모르게 입에 침이 고
> 였다. 또 아빠가 고기를 구우려고 숯에 불을 붙이시자 금방 **매캐한** 연기가 퍼졌다.
>
> "자, 한번 먹어 보렴."
>
> 나는 아빠가 주신 고기를 입 안 가득 넣고 ◆오물오물 씹으니 행복한 기분이 들었다.
>
> "저는 식물이 아니어서 다행이에요. 이렇게 맛있는 고기를 먹고 자라니까요."
>
> "뭐라고? 하하하!"
>
> ◆ **거름:** 식물이 잘 자라도록 땅에 뿌리거나 섞는 물질.
> ◆ **오물오물:** 음식물을 입 안에 넣고 입을 다문 채 조금씩 자꾸 씹는 모양.

7 ㉠에 들어갈 알맞은 낱말을 두 가지 고르세요. (,   )

① 향긋한   ② 비릿한   ③ 축축한

④ 지독한   ⑤ 향기로운

8 '내'가 한 일을 두 가지 찾아 ○표 하세요.

(1) 지독한 냄새가 난다고 소리쳤다.   (   )

(2) 들꽃을 구경하며 꽃향기를 마셨다.   (   )

(3) 식물들이 잘 자라라고 거름을 주었다.   (   )

(4) 아빠가 주신 고기를 먹고 기분이 좋아졌다.   (   )

(5) 파에 고춧가루와 참기름을 넣고 골고루 섞었다. (   )

느낌을 나타내는 말 ③

🖋 다음 열쇠 모양과 열쇠 구멍을 보고, 빈칸에 알맞은 낱말을 쓰세요.

까칠하다

피부나 물건의 겉면이 매끄럽지 않고 거칠다.

비슷한말 까슬까슬하다 반대말 매끄럽다

폭신하다

조금 포근하게 부드럽고 탄력이 있다.

비슷한말 포근하다, 푹신하다

보드랍다

닿거나 스치는 느낌이 거칠거나 빳빳하지 않다.

비슷한말 부드럽다 반대말 거칠다, 빳빳하다

말랑하다

보들보들하여 연하고 부드럽다.

비슷한말 몰랑하다 반대말 단단하다, 딱딱하다

고무로 만든 공이

아기 피부를 만져 보면

비누 거품이 솜사탕처럼

피부가 모래알처럼

'부드럽다', '거칠다', '뜨겁다', '차갑다'와 같은 말처럼 손이나 피부에 무엇인가
닿았을 때의 느낌을 나타내는 말을 공부해 보아요.

1 다음 뜻을 가진 낱말을 찾아 색칠하세요.

어휘
확인

(1)

보들보들하여 연하고 부드럽다.

말랑하다 | 딱딱하다

(2)

조금 포근하게 부드럽고 탄력이 있다.

쌀쌀맞다 | 폭신하다

2 다음 뜻을 가진 낱말을 완성하여 쓰세요.

어휘
확인

(1) 피부나 물건의 겉면이 매끄럽지 않고 거칠다.

| 까 | | | |

(2) 닿거나 스치는 느낌이 거칠거나 빳빳하지 않다.

| 보 | | |

3 다음 중 빈칸에 '보드랍다'가 들어갈 알맞은 문장을 두 가지 찾아 기호를 쓰세요.

어휘
적용

ㄱ 나무로 만든 의자가 낡아서 ( ).
ㄴ 막냇동생의 살결이 새하얗고 ( ).
ㄷ 좋은 샴푸를 사용하니 머릿결이 비단같이 ( ).
ㄹ 강한 비바람에도 끄떡하지 않는 이 울타리는 매우 ( ).

( )

4 다음 문장의 밑줄 친 부분과 뜻이 통하는 낱말을 찾아 색칠하세요.

어휘
적용

(1) 땅콩의 누런 겉껍질을 만져 보면 부드럽지 않고 <u>거칠거칠하다</u>.

까칠하다

보들보들하다

(2) 이불이 스펀지 같아서 꾹 눌러도 <u>금방 부풀어 오르고 포근하다</u>.

끈적하다

폭신하다

5 다음 낱말과 뜻이 반대인 낱말을 찾아 ○표 하세요.

어휘
확장

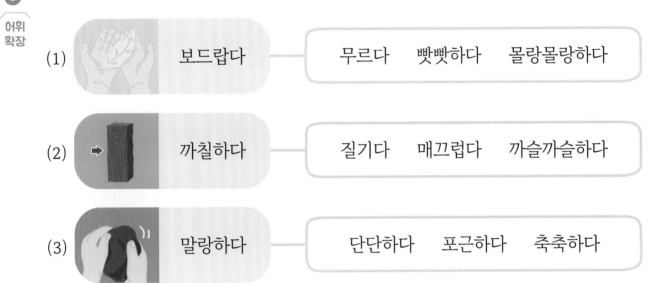

(1) 보드랍다 — 무르다   빳빳하다   몰랑몰랑하다

(2) 까칠하다 — 질기다   매끄럽다   까슬까슬하다

(3) 말랑하다 — 단단하다   포근하다   축축하다

짝꿍어휘

6 다음 밑줄 친 낱말과 짝을 이루는 낱말을 보기 에서 찾아 빈칸에 쓰세요.

보기

• 감촉: 어떤 것이 피부에 닿아서 생기는 느낌.

• 감상: 예술 작품이나 경치 등을 즐기고 이해하면서 평가함.

➡ 선물 받은 목도리가 무늬도 예쁘고 (   )도 <u>보드랍다</u>.

독해로
어휘 마무리

오늘의
나의 실력은?

최고야 좋았어 힘내자

1주 3일
정답 확인

○ 다음 광고 글을 읽고, 물음에 답하세요.

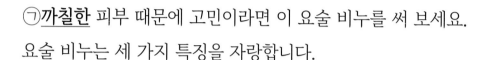

하루에 **만 개** 판매!

요술 비누 하나를 사면 하나를 공짜로 드립니다.

㉠**까칠한** 피부 때문에 고민이라면 이 요술 비누를 써 보세요.

요술 비누는 세 가지 특징을 자랑합니다.

첫째, 특수한 재료를 사용하여 비누가 고무공처럼 **말랑합니다.**

둘째, ㉡**폭신한** 솜사탕처럼 부드러운 비누 거품이 피부에 자극을 주지 않습니다.

셋째, 비누의 은은한 향기가 하루 종일 계속되어 향수를 쓸 필요가 없습니다.

피부를 망치는 차가운 바람도 건조한 공기도 이젠 걱정 없습니다.

딱 한 달만 써 보세요.

요술 비누만 있으면 누구나 아기 피부처럼 ㉢**보드라운** 피부를 만들 수 있습니다.

◆ **특수한:** 보통과 매우 차이가 나게 다른.
◆ **자극:** 몸에 어떤 반응을 일으키게 함.

7 ㉠~㉢ 중 다음 밑줄 친 말과 뜻이 반대인 낱말을 찾아 기호를 쓰세요.

할머니의 거친 손을 보면 마음이 아프다.

(   )

8 이 광고 글에서 밝힌, 요술 비누의 특징을 두 가지 고르세요. (,   )

① 비누가 단단하고 무겁다.

② 비누의 향기를 선택할 수 있다.

③ 은은한 향기가 하루 종일 계속된다.

④ 비누 거품이 피부에 자극을 주지 않는다.

⑤ 특수한 재료를 사용하여 비누가 닳지 않는다.

일

느낌을 나타내는 말 ❹

✏️ 다음 낱말의 뜻을 보고, 빈칸에 알맞은 낱말을 써넣어 이야기를 완성하세요.

선명하다
뚜렷하고 분명하다.

비슷한말 뚜렷하다
반대말 흐릿하다

발그스름하다
조금 발갛다.

비슷한말 발갛다, 발그레하다

컴컴하다
사물이 보이지 않을 만큼 아주 어둡다.

비슷한말 깜깜하다
반대말 밝다, 환하다

푸릇푸릇하다
군데군데가 조금 푸르다.

비슷한말 파릇하다, 푸르스름하다

출발 ➡

봄이 되면
노란 꽃밭과 파란 하늘이 ☐☐☐☐ .

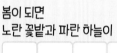

여름이 되면
먹구름이 몰려와서 ☐☐☐☐

목장에는 말이 뛰놀고
나무와 풀이 ☐☐☐☐
하다.

가을이 되면
단풍나무의 잎이 ☐☐☐☐ 하다.

도착

눈으로 보고 느끼는 것은 주로 모양이나 색깔을 나타내는 말로 표현해요. '크다', '동그랗다'는 모양을 나타내고, '노랗다', '파랗다'는 색깔을 나타내는 말이지요.

어휘 2단계 1주 4일 ①

1 다음 뜻을 가진 낱말이 되도록 글자판에서 알맞은 글자를 찾아 쓰세요.

어휘
확인

| 선 | 컴 | 드 | 명 | 하 | 다 | 컴 | 슬 | 하 | 다 |

(1) 뚜렷하고 분명하다.

(2) 사물이 보이지 않을 만큼 아주 어둡다.

2 다음 낱말의 뜻에 맞게 빈칸에 들어갈 알맞은 낱말을 보기에서 찾아 쓰세요.

어휘
확인

보기

발갛다, 푸르다, 어둡다

(1) 발그스름하다: 조금 (   ).

(2) 푸릇푸릇하다: 군데군데가 조금 (   ).

3 다음 대화를 읽고, 빈칸에 들어갈 알맞은 낱말을 찾아 ○표 하세요.

어휘
적용

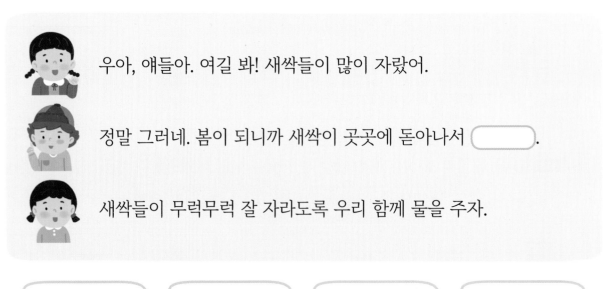

우아, 얘들아. 여길 봐! 새싹들이 많이 자랐어.

정말 그러네. 봄이 되니까 새싹이 곳곳에 돋아나서 [   ].

새싹들이 무럭무럭 잘 자라도록 우리 함께 물을 주자.

| 흐릿해 | 컴컴해 | 발그스름해 | 푸릇푸릇해 |

4 다음 그림을 보고, 빈칸에 들어갈 알맞은 낱말을 찾아 선으로 이으세요.

어휘
적용

(1) 텔레비전 화면의 색깔이 [   ].   ·   · ㉮ 컴컴하다

(2) 해가 져서 골목길이 [   ].   ·   · ㉯ 선명하다

(3) 하늘이 햇빛에 물들어 [   ].   ·   · ㉰ 발그스름하다

5 다음 낱말과 뜻이 비슷한 낱말을 보기 에서 찾아 쓰세요.

어휘
확장

보기
발갛다, 푸르스름하다, 뚜렷하다

(1) 선명하다   － (   )

(2) 발그스름하다 － (   )

(3) 푸릇푸릇하다 － (   )

짝꿍어휘
6 다음 밑줄 친 낱말과 짝을 이루는, 빈칸에 들어갈 알맞은 낱말을 찾아 ○표 하세요.

흰색 티셔츠에 오렌지주스를 쏟아서 <u>선명한</u> [   ]이 남았다.

(1) 자격: 일정한 신분이나 지위.   (   )

(2) 자국: 어떤 것 때문에 원래의 상태가 달라진 흔적.   (   )

(3) 조건: 어떤 일을 이루게 하기 위해 미리 갖추어야 하는 것. (   )

독해로
어휘 마무리

오늘의
나의 실력은? 최고야 좋았어 힘내자

1주 4일
정답 확인

○ 다음 소개하는 글을 읽고, 물음에 답하세요.

제주도는 우리나라에서 가장 큰 섬으로, 화산이 폭발하여 만들어졌습니다. 제주도는 ◆사계절 동안 아름다운 경치를 자랑하고, 서로 다른 특징을 뽐냅니다.

봄에 제주도는 노란 유채꽃밭과 파란 하늘이 ㉠**선명하게** 보입니다. 또 ㉡**푸릇푸릇한** 풀이 가득한 목장에 ◆조랑말이 뛰어노는 모습까지 어우러져 멋있습니다.

여름에 제주도에는 ㉢**컴컴한** 먹구름과 태풍이 자주 찾아옵니다. 예로부터 제주도에는 바람이 많이 불어서 밭이나 집에 돌담을 쌓고, 지붕을 묶어 두었습니다.

가을에 제주도는 ㉣**발그스름한** 단풍으로 물듭니다. 특히 우리나라의 남쪽에서 가장 높은 산인 한라산이 울긋불긋해져 무척 아름답습니다.

겨울에 제주도는 눈이 내리고 따뜻합니다. 특히 한라산의 높은 곳에 눈이 많이 내립니다. 또 제주도의 ◆특산물인 감귤이 많이 납니다. 감귤은 달고 맛이 좋아 ◆남녀노소에게 인기가 좋습니다.

◆ **사계절:** 봄, 여름, 가을, 겨울의 네 계절.　　　◆ **조랑말:** 몸집이 작은 말.
◆ **특산물:** 어떤 지역에서 특별히 생산되는 물건.　　◆ **남녀노소:** 모든 사람을 이르는 말.

7 ㉠~㉣ 중 다음 빈칸에 들어갈 알맞은 낱말을 찾아 기호를 쓰세요.

안경을 쓰니 멀리 있는 글자가 (　　　　) 보였다.

(　　　　　　　)

8 제주도의 특징으로 알맞으면 ○표, 알맞지 않으면 ✕표 하세요.

(1) 봄에 노란 유채꽃이 핀다.　　　　　　　　　　　　　　(　　　)

(2) 여름에 태풍이 찾아오지 못한다.　　　　　　　　　　　(　　　)

(3) 가을에 붉은 단풍이 들어 울긋불긋해진다.　　　　　　　(　　　)

(4) 겨울에 찬 바람이 많이 불어 눈이 적게 내리고 매우 춥다. (　　　)

느낌을 나타내는 말

✏️ 다음 뜻에 알맞은 낱말을 가로, 세로로 찾아 선으로 연결하세요.

지	독	하	다	우	매	캐	하	다
강	주	말	알	새	콤	하	다	느
바	지	하	우	감	하	보	촉	끼
선	명	하	다	자	다	드	촉	말
푸	릇	푸	릇	하	다	랍	소	랑
소	나	기	고	소	하	다	리	하
우	습	다	까	칠	컴	컴	하	다

🚗 낱말 뜻

1 맛이 조금 맵다.
2 뚜렷하고 분명하다.
3 군데군데가 조금 푸르다.
4 맛이 조금 시면서 상큼하다.
5 보들보들하여 연하고 부드럽다.
6 사물이 보이지 않을 만큼 아주 어둡다.
7 볶은 깨, 참기름 등에서 나는 냄새와 같다.
8 냄새가 해롭거나 참기 어려울 정도로 심하다.
9 연기나 곰팡이 등의 냄새가 약간 맵고 싸하다.
10 닿거나 스치는 느낌이 거칠거나 빳빳하지 않다.

1 다음 밑줄 친 뜻을 가진 낱말을 완성하여 쓰세요.

> 비가 그치고 구름 사이로 무지개가 나타났다. 오늘 본 무지개의 색깔은 정말 뚜렷하고 분명했다. 무지개는 바깥쪽에서부터 빨강, 주황, 노랑, 초록, 파랑, 남색, 보라의 차례로 색깔이 이루어져 있었다.

		하	다

2 다음 밑줄 친 낱말과 뜻이 비슷해 바꾸어 쓸 수 있는 낱말은 무엇인가요? ( )

> 우리는 보고, 듣고, 맡고, 맛보고, 만지는 감각으로 세상에 대해 알아가요. 그리고 이 감각으로 얻은 정보를 기억하지요. 잔디를 보고 푸릇푸릇한 색깔을 기억하고, 떡볶이를 먹고 매콤한 맛을 기억하는 것처럼요.

① 잔잔한　　　　② 쌀쌀한　　　　③ 맵싸한
④ 발그스름한　　　⑤ 진득진득한

3 다음 밑줄 친 낱말과 뜻이 반대인 낱말을 찾아 ○표 하세요.

> '동공'은 사람 눈의 가운데에 있는 검은 부분이에요. 이 동공은 환한 곳에서는 작은 크기로 있다가 컴컴한 곳에서는 점점 커지지요. 동공이 커져야 어두운 곳에서 많은 빛을 받아들일 수 있기 때문이에요.

(어둡다, 변하다, 환하다)

4 다음 글의 (   )에 들어갈 알맞은 말을 찾아 〇표 하세요.

> 사람들은 추운 겨울이 되면 두꺼운 외투를 챙겨 입는다. 그중에서 양털실로 만든 외투도 있는데, 양털실에는 털이 많이 붙어 있다. 양털실에 붙어 있는 털은 (떫어서, 고소해서, 폭신해서) 추운 바람이 옷 속으로 들어오는 것을 막아 준다.

5 다음 글은 무엇에 대한 내용인가요? (   )

> 한 번 쓰고 버리는 일회용품은 자연을 오염시켜요. 일회용품은 잘 썩지 않아요. 스티로폼과 알루미늄 캔은 썩는 데 500년이나 걸린답니다. 그리고 일회용품은 불에 태우면 매캐하고 지독한 연기가 나와요. 이 연기는 우리 몸에 굉장히 해로워요.

① 자연을 보호하는 방법
② 우리 몸에 해로운 음식
③ 일회용품 사용의 문제점
④ 일회용품을 다시 사용하는 방법
⑤ 스티로폼과 알루미늄 캔의 다른 점

6 다음 보기의 낱말을 모두 사용한 글을 완성하여 쓰세요.

보기

향긋해요, 까슬까슬해요

아빠 수염을 만져 보면 ✎_____. 키위처럼 까칠하거든요.
엄마 냄새를 맡아 보면 ✎_____. 봄꽃 향기가 나거든요.

한 걸음 더!

오늘의
나의 실력은?

최고야　좋았어　힘내자

1주 5일
정답 확인

○ 다음 뜻에 알맞은 속담을 보기에서 찾아 빈칸에 쓰세요.

보기

쓴 약이 더 좋다, 작은 고추가 더 맵다,

달면 삼키고 쓰면 뱉는다, 부뚜막의 소금도 집어넣어야 짜다

몸집이 작은 사람이 큰 사람보다
재주가 뛰어나고 야무지다.

우아, 작은 고추가 더 강한 맛을 내는 게 맞네요! 키가 작은 준이의 축구 실력이 대단해요!

자신에게 좋은 일은 하고,
좋지 않은 일은 하지 않는다.

친구가 필요할 때만 다정하게 대하고, 필요 없으면 모른 척하네요.

꾸지람이 당장에 듣기에 좋지 않지만
잘 받아들이면 좋다.

약이 쓴맛을 내지만 병을 치료하듯이, 부모님의 잔소리도 지금은 듣기싫지만 도움을 줄 거예요.

아무리 쉬운 일이라도
하지 않으면 소용이 없다.

아무리 좋은 문제집을 옆에 쌓아 두고 있어도 풀지 않으면 시험을 망칠 수밖에 없지요.

마음을 나타내는 말 ❶

✏️ 다음 상황에 어울리는 낱말을 사다리를 타고 내려가 빈칸에 쓰세요.

주말에 나들이 갈 생각을 하니 기대돼요.

숲에서 맑은 공기를 쐬면 기분이 좋아요.

아름다운 작품을 감상하니 마음이 여유로워요.

같이 놀 친구가 없으면 정말 심심해요.

따분하다

재미가 없어 지루하고 답답하다.

반대말 흥미진진하다

상쾌하다

느낌이 시원하고 산뜻하다.

비슷한말 개운하다

반대말 답답하다

들뜨다

마음이나 분위기가 가라앉지 않고 조금 흥분되다.

비슷한말 설레다

느긋하다

서두르지 않고 마음이 넉넉하다.

반대말 급하다

기쁠 때나 슬플 때 등 상황에 따라 마음을 나타내는 말은 달라져요. 언제 어떤 마음이 드는지 생각하며 여러 가지 마음을 나타내는 말을 함께 공부해 보아요.

1 다음 뜻을 가진 낱말을 완성하여 쓰세요.

어휘
확인

(1)  재미가 없어 지루하고 답답하다.

따☐☐☐

(2) 마음이나 분위기가 가라앉지 않고 흥분되다.

들☐☐

2 다음 낱말의 알맞은 뜻을 찾아 선으로 이으세요.

어휘
확인

(1) 느긋하다 •

• ㉮ 느낌이 시원하고 산뜻하다.

(2) 상쾌하다 •

• ㉯ 서두르지 않고 마음이 넉넉하다.

3 다음 빈칸에 공통으로 들어갈 알맞은 말을 쓰세요.

어휘
적용

• 어제는 많이 바빴지만 오늘은 ☐☐하다.

• 서두르지 말고 ☐☐하게 순서를 기다리세요.

• 아침에 미술 준비물을 챙겨 두었더니 마음이 ☐☐해졌다.

• 언니는 숙제를 일찌감치 다 끝내고 ☐☐하게 노래를 들었다.

( )

4 다음 사람의 마음을 나타내는 말을 찾아 색칠하세요.

어휘
적용

(1) 민우는 놀이 기구가 재미있어 신나게 소리쳤다.

들뜨다　　　섭섭하다

(2) 지우는 친구들과 연날리기를 하며 기분이 좋아졌다.

울적하다　　　상쾌하다

5 다음 낱말과 뜻이 반대인 낱말을 보기에서 찾아 쓰세요.

어휘
확장

보기

따분하다, 상쾌하다, 느긋하다

(1) 급하다: 참거나 기다릴 수 없다.　↔ (　　　　　　　)
(2) 흥미진진하다: 흥미가 매우 많다.　↔ (　　　　　　　)
(3) 답답하다: 숨이 막힐 듯이 갑갑하다. ↔ (　　　　　　　)

짝꿍어휘

6 다음 밑줄 친 낱말과 짝을 이루는, 빈칸에 들어갈 알맞은 낱말을 찾아 ○표 하세요.

선생님: 윤빈아, 아직 시간 (　　　　)이/가 있으니 느긋하게 생각해 보렴.
윤빈: 네, 선생님. 거의 다 풀었어요.

(1) 여부: 그러함과 그러하지 아니함.　　　　　　　　　　(　　　)
(2) 여유: 시간이나 공간, 돈 등이 넉넉하여 남음.　　　　　(　　　)
(3) 여백: 종이 등에 글씨를 쓰거나 그림을 그리고 남은 빈 자리. (　　　)

독해로
어휘 마무리

오늘의
나의 실력은?   최고야 좋았어 함내자

2주 1일
정답 확인

○ 다음 가족회의를 보고, 물음에 답하세요.

예솔이네 가족은 주말에 어디로 나들이 가면 좋을지 정하기 위해 가족회의를 열었어요. 가족들은 모두 나들이를 간다는 생각에 ㉠들떴어요.

예솔: 저는 숲으로 가면 좋겠어요. 숲에 가서 맑은 공기를 쐬면 ㉡상쾌해지거든요.

아빠: 좋은 생각이야. 숲속 나무는 '피톤치드'를 뿜어내지. 피톤치드를 마시면 병균과 싸우는 힘이 커지고, 스트레스를 없앨 수 있어.

엄마: 그런데 아직 날씨가 쌀쌀하니 실내로 가는 게 어때요? 미술관에 가서 아름다운 미술 작품을 감상하면 마음이 ㉢느긋해지고…….

준이: 싫어요, 싫어. 같이 놀 친구들이 없는 곳은 ㉣따분해요! 즐길 거리가 많고, 아이들의 웃음소리가 가득한 놀이공원에 가서 놀아요.

◆ **피톤치드**: 나무에서 만들어져 주위의 병원균, 해충, 곰팡이 등을 죽이는 물질.

7 ㉠~㉣ 중 '설레다'와 바꾸어 쓸 수 있는 낱말을 찾아 ○표 하세요.

㉠ 들뜨다   ㉡ 상쾌하다   ㉢ 느긋하다   ㉣ 따분하다

8 이 글을 통해 알 수 있는 내용으로 알맞은 것을 두 가지 고르세요. (,   )

① 예솔이네 가족은 주말에 나들이 갈 곳을 의논했다.
② 예솔이와 아빠는 나들이 가고 싶은 곳이 서로 다르다.
③ 아빠는 피톤치드가 우리에게 주는 좋은 점을 말씀하셨다.
④ 엄마는 나들이 장소로 실내보다 야외가 좋다고 생각하신다.
⑤ 준이는 놀이공원에 가면 아이들을 만나기 어렵다고 생각한다.

마음을 나타내는 말 ②

✏️ 다음 퍼즐 모양을 보고, 빈칸에 알맞은 낱말을 쓰세요.

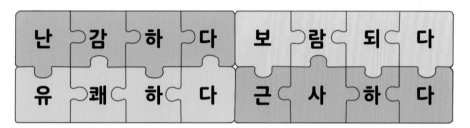

난 감 하 다   보 람 되 다
유 쾌 하 다   근 사 하 다

밤하늘의 수많은 별이 참 멋지다.

ㄴ 아주 그럴듯하고 좋다.

비슷한말 멋있다   반대말 초라하다

퀴즈의 답이 생각나지 않아 어쩔 줄 몰랐다.

ㄴ 분명하게 마음을 정하기 어렵다.

비슷한말 어렵다, 곤란하다

퀴즈 대회에서 우승해서 뿌듯했다.

퀴즈 대회

ㄴ 어떤 일을 한 뒤에 좋은 결과나 가치, 만족한 느낌이 있다.   비슷한말 값지다   반대말 마땅찮다

부모님께 칭찬받아 정말 기뻤다.

ㄴ 즐겁고 기분이 좋다.

비슷한말 기쁘다, 좋다   반대말 불쾌하다

친구들에게 생긴 일들과 비슷한 일이 나에게 생긴다면 어떤 마음이 들까요? 상황에 알맞은 마음을 나타내는 말을 생각하며 새로운 어휘를 익혀요!

1 다음 뜻을 가진 낱말이 되도록 글자판에서 알맞은 글자를 찾아 빈칸에 쓰세요.

어휘
확인

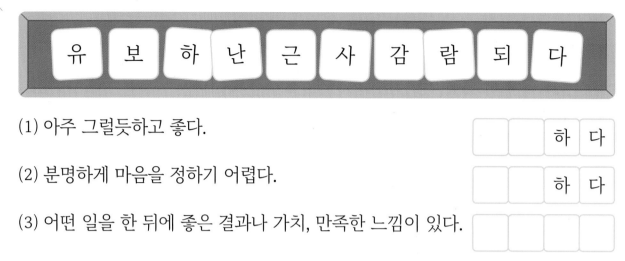

유 보 하 난 근 사 감 람 되 다

(1) 아주 그럴듯하고 좋다.

[ ] [ ] 하 다

(2) 분명하게 마음을 정하기 어렵다.

[ ] [ ] 하 다

(3) 어떤 일을 한 뒤에 좋은 결과나 가치, 만족한 느낌이 있다.

[ ] [ ] [ ]

2 다음 중 '유쾌하다'의 뜻과 관련 있는 낱말을 찾아 쓰세요.

어휘
확인

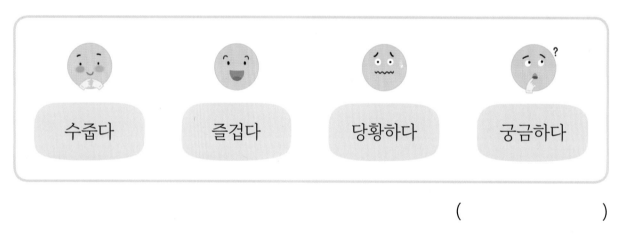

수줍다   즐겁다   당황하다   궁금하다

(   )

3 다음 문장에 어울리는 낱말을 ( )에서 찾아 ○표 하세요.

어휘
적용

재석이는 스스로 학교 곳곳에 떨어져 있는 쓰레기를 주워 담으며 (보람된, 난감한) 시간을 보냈다.

4 다음 중 밑줄 친 낱말을 알맞게 사용한 문장을 모두 찾아 ○표 하세요.

어휘
적용

(1) 오늘 놀이터에서 <u>유쾌하게</u> 웃는 친구들을 보았다.

(   )

(2) 평소에 갖고 싶던 책을 선물로 받아 정말 <u>난감하다</u>.

(   )

(3) 가게에 걸려 있는 <u>근사한</u> 원피스를 입어 보고 싶다.

(   )

5 다음 낱말과 뜻이 비슷한 낱말을 보기에서 찾아 쓰세요.

어휘
확장

보기

기쁘다, 곤란하다

(1) 난감하다 ― (   )

(2) 유쾌하다 ― (   )

짝꿍어휘

6 다음 낱말 뜻을 보고, ㉠~㉡에 들어갈 알맞은 낱말을 보기에서 찾아 쓰세요.

보기

• 옷차림: 옷을 입은 모양.
• 처지: 처하여 있는 형편이나 사정.

현수는 피아노 경연 대회에 나가려고 <u>근사한</u> ⃞ ㉠ ⃞ 을/를 하고 집을 나섰다. 그런데 앞이 보이지 않을 정도로 비가 쏟아져 <u>난감한</u> ⃞ ㉡ ⃞ 에 놓였다.

근사한 ═ ㉠   난감한 ═ ㉡

독해로
어휘 마무리

오늘의
나의 실력은?
 최고야 좋았어 힘내자

2주 2일
정답 확인

○ 다음 일기를 읽고, 물음에 답하세요.

20○○년 4월 7일 금요일	날씨: 환하게 웃는 해님과 달님

오늘 저녁에 가족과 함께 천문대에 다녀왔다. 우리는 먼저 천문대 선생님께 달과 별, 별자리에 대한 설명을 들었다. 그런 다음 퀴즈를 풀었는데, 처음에는 답이 생각나지 않아 **난감했다**. 하지만 결국 내가 가장 많이 맞혀 우승했다. 정말 **보람됐다**. 부모님이 "우리 아들, 우주 박사네!"라고 칭찬해 주셔서 **유쾌했다**.

잠시 뒤 우리는 밤하늘을 자세히 봤다. 밤하늘에 수많은 별이 반짝거려서 참 **근사했다**. 그리고 맨눈으로 본 달은 매끈한데, 망원경으로 본 달은 겉면에 움푹 파인 구덩이들이 있어 신기했다. 거기다 달에는 밝게 빛나는 곳도 있고, 그늘처럼 어두운 곳도 있었다.

천문대에서 별과 달을 보니 캄캄한 밤하늘에 발이 동동 떠 있는 느낌이 들었다.

◆ 천문대: 우주에 있는 모든 물체를 볼 수 있는 망원경이 있는 곳.

7 이 글에 쓰인 낱말 중 다음 밑줄 친 낱말과 뜻이 비슷한 것은 무엇인가요? (   )

이 식물원에 있는 키 큰 나무들은 정말 <u>멋있구나</u>!

① 난감하다   ② 보람되다   ③ 우승하다
④ 근사하다   ⑤ 매끈하다

8 글쓴이가 오늘 겪은 일이 <u>아닌</u> 것은 무엇인가요? (   )

① 천문대에서 부모님께 칭찬을 들었다.
② 천문대 선생님께 별자리에 대한 설명을 들었다.
③ 달에 빛나는 곳과 어두운 곳이 함께 있는 것을 알았다.
④ 망원경으로 겉면에 구덩이 하나 없이 매끈한 달을 보았다.
⑤ 우주의 모든 물체를 볼 수 있는 장치가 있는 곳을 다녀왔다.

마음을 나타내는 말 ❸

✏️ 다음 열쇠 모양과 열쇠 구멍을 보고, 빈칸에 알맞은 낱말을 쓰세요.

서럽다

억울하고 슬프다.

비슷한말 서글프다   반대말 기쁘다

민망하다

사람을 대하거나 보기가 부끄럽다.

비슷한말 창피하다, 낯부끄럽다

네 탓이야!

원망하다

마음에 들지 않아서 탓하거나 미워하다.

비슷한말 탓하다, 불평하다

너그럽다

남의 사정을 잘 이해하고 마음 씀씀이가 넓다.

비슷한말 관대하다   반대말 옹졸하다

친구가 한 일이 싫어서 친구를

친구가 나쁜 아이라고 놀려서

친구들 앞에서 실수해서

잘못을 용서해 주는 친구는

누구든지 한 번은 실수하기 마련이지요. 내가 실수를 할 때와 친구의 실수를 볼 때의 마음을 나타내는 말을 알아보아요.

1 다음 낱말의 뜻에 맞게 빈칸에 들어갈 알맞은 낱말을 보기 에서 찾아 쓰세요.

어휘
확인

보기

좁다, 넓다, 미워하다, 기뻐하다, 부끄럽다

(1) 민망하다

➡ 사람을 대하거나 보기가 (   ).

(2) 너그럽다

➡ 남의 사정을 잘 이해하고 마음 씀씀이가 (   ).

2 다음 중 '서럽다'의 뜻을 바르게 쓴 비눗방울을 찾아 색칠하세요.

어휘
확인

마음에 들지 않아서 탓하거나 미워하다.

억울하고 슬프다.

숨이 막힐 듯이 갑갑하다.

느낌이 시원하고 산뜻하다.

3 다음 문장의 밑줄 친 부분과 뜻이 통하는 낱말을 찾아 ○표 하세요.

어휘
적용

어제 친구와 큰 소리로 다툰 일을 생각하면 <u>친구 보기가 부끄럽다</u>.

민망하다

관대하다

4 다음 문장에 어울리는 낱말을 (   )에서 찾아 ○표 하세요.

어휘
적용

(1)  누나가 블록을 무너뜨렸다고 화를 내어 (서러운, 뿌듯한) 마음이 들었다.

(2)  유리창을 깨뜨린 우찬이를 이해해 주신 아주머니의 마음씨는 (싸늘하다, 너그럽다).

5 다음 글에서 밑줄 친 낱말과 뜻이 비슷한 낱말을 찾아 쓰세요.

어휘
확장

옛날 어느 마을에 한 청년이 살았다. 그 청년은 마음씨가 고약하기로 유명했다. 그래서 어떤 일이 생겨도 항상 남부터 <u>원망했다.</u>

하루는 청년이 산길을 급하게 내려가다가 돌부리에 걸려 넘어졌다. 역시나 청년은 "왜 돌부리가 여기에 있는 거야!" 하고 돌부리를 향해 불평했다.

		했	다

짝꿍어휘

6 다음 그림에 맞게 주어진 낱말과 짝을 이루는 낱말을 찾아 선으로 이으세요.

(1)  서럽게 •

• ㉮ 울다

(2)  너그럽게 •

• ㉯ 용서하다

독해로
어휘 마무리

오늘의
나의 실력은?

최고야   좋았어   힘내자

2주 3일
정답 확인

○ 다음 편지를 읽고, 물음에 답하세요.

지승이에게

지승아, 안녕! 너에게 하고 싶은 말이 있어 편지를 쓰게 되었어.

난 오늘 5교시 수업이 끝나자마자 서둘러 교실을 나가려고 했어. 어제 놀이터에서 발목을 삐끗해서 엄마와 병원에 가기로 약속했거든.

그런데 네가 나를 잡으며 "빼질이! 청소하고 가야지!"라고 크게 말했잖아. 그제야 나는 내가 청소 당번이라는 것이 생각났어. 그 순간 친구들 보기가 **민망했어**. 그리고 네가 나를 나쁜 아이라고 놀렸다는 생각에 **서러워** 눈물이 났어. 그래서 화를 냈어.

하지만 지금 생각해 보니 청소 당번인 것을 잊고 하교하려고 한 내 실수야. 그리고 너를 **원망하며** 화낸 것도 미안해. 내 잘못을 **너그럽게** 용서해 줄래?

앞으로 너와 더욱 친하게 지내고 싶어.

○월 ○○일 / 친구 시현이가

7 시현이가 이 편지를 쓴 목적을 찾아 ○표 하세요.

(1) 친구에게 화낸 것을 사과하고 싶어서

(   )

(2) 청소 당번을 꼭 기억하자고 말하고 싶어서

(   )

(3) 자기와 청소 당번을 바꾸자고 부탁하고 싶어서

(   )

8 다음 보기에서 시현이의 마음을 나타내는 말이 <u>아닌</u> 것을 찾아 쓰세요.

보기

서럽다, 민망하다, 원망하다, 너그럽다

(   )

마음을 나타내는 말 ④

✏️ 다음 낱말의 뜻을 보고, 빈칸에 알맞은 낱말을 써넣어 이야기를 완성하세요.

벅차다
기쁨, 희망 등이 넘칠 듯이 가득하다.

비슷한말 기쁘다, 뿌듯하다

반대말 슬프다

샘나다
남의 것을 탐내거나, 형편이 나은 사람을 부러워하거나 싫어하는 마음이 생기다.

비슷한말 질투하다

조마조마하다
앞으로 닥칠 일이 걱정되어 마음이 불안하다.

비슷한말 초조하다

반대말 안심하다

통쾌하다
아주 즐겁고 시원하여 유쾌하다.

비슷한말 고소하다, 시원하다

반대말 아쉽다, 아깝다

출발 ➡️

누가 이길지 몰라

☐☐☐☐☐☐ .

달리기 경기에서 이겨서

☐☐☐☐ .

친구가 나보다 빨리 달려

☐☐☐ .

친구들과 함께 땀을 흘려

☐☐☐ .

미래 초등학교 체육대회

➡️ 도착

 체육 대회에서 우리 편이 질까 봐 조마조마한 마음이 든 적이 있을 거예요. 그리고 열심히 땀 흘려 승리를 거두면 벅차고 통쾌한 마음이 들지요!

1 다음 낱말의 뜻에 맞게 빈칸에 들어갈 알맞은 말을 두 가지 찾아 ○표 하세요.

어휘 확인

> 벅차다: ( ) 등이 넘칠 듯이 가득하다.

| 기쁨 | 슬픔 | 희망 | 두려움 |

2 다음 뜻을 가진 낱말을 찾아 선으로 이으세요.

어휘 확인

(1) 격정되어 마음이 불안하다.   •

(2) 아주 즐겁고 시원하여 유쾌하다.   •

(3) 형편이 나은 사람을 부러워하다.   •

• ㉮ 샘나다

• ㉯ 통쾌하다

• ㉰ 조마조마하다

3 다음 중 빈칸에 '벅차다'가 들어갈 알맞은 문장을 찾아 기호를 쓰세요.

어휘 적용

> ㉠ 화가 난 인우가 전화를 끊는 모습이 ( ).
> ㉡ 같이 놀던 친구들이 모두 떠난 놀이터에 혼자 있으려니 ( ).
> ㉢ 다음 주면 새로운 곳으로 여행을 간다는 생각에 벌써 가슴이 ( ).

( )

4 다음 중 밑줄 친 낱말을 <u>잘못</u> 사용한 친구의 이름을 쓰세요.

> 소진: 민결아, 오늘 국어 발표 준비 많이 했니? 나는 발표할 때마다 무슨 말
> 부터 해야 할지 몰라서 마음이 <u>조마조마</u>해.
>
> 민결: 나도 그래. 머릿속이 <u>새하얘</u>진다니까. 그래도 그동안 발표 준비를 열심
> 히 했으니까 <u>샘내자</u>!

(   )

5 다음 낱말과 뜻이 비슷한 낱말을 찾아 ○표 하세요.

(1) 벅차다 ——— 안심하다   우울하다   고소하다   뿌듯하다

(2) 샘나다 ——— 괴상하다   질투하다   유쾌하다   편안하다

짝꿍어휘

6 다음 밑줄 친 낱말과 짝을 이루는 낱말을 **보기**에서 찾아 빈칸에 쓰세요.

보기

• 패배 : 겨루어서 짐.	• 좌절 : 마음이나 기운이 꺾임.
• 승리 : 겨루어서 이김.	• 감동 : 크게 느끼어 마음이 움직임.

> 오늘 대한민국 축구 대표 팀은 월드컵에서 <u>통쾌</u>한 (1)   을/를 거
> 두었다. 온 국민은 밤새 한마음으로 응원하였고, 선수들이 골을 넣을 때마다
> <u>벅찬</u> (2)   을/를 느꼈다.

독해로
어휘 마무리

오늘의
나의 실력은?

최고야 좋았어 힘내자

2주 4일
정답 확인

○ 다음 신문 기사를 읽고, 물음에 답하세요.

| 대한 어린이 신문 | 20○○년 10월 1일 금요일

　지난 1일, 미래 초등학교 운동장에서 2학년 학생들의 체육 대회가 열렸다. 반별로 청군과 백군으로 나누어 경기를 했다. 경기는 50미터 달리기, 단체 줄넘기, 줄다리기, 반별 이어달리기 등 다양하게 진행됐다.

　이 중 가장 인기 있는 경기는 반별 이어달리기였다. 특히 이번 대회에서는 달리기를 잘하는 학생만 참여하지 않고, 한 반의 절반씩 참여해 어느 반이 이길지 예상이 어려웠다. 그래서 학생들은 **조마조마한** 마음으로 경기를 지켜보았다.

　이어달리기에 참여한 한 학생이 느낌을 말했다.

　"앞서 달리던 친구에게 **샘나서** 이를 꽉 물고 달렸죠. 그 친구를 앞지르던 순간 너무 (㉠)!"

　우승은 청군이 차지했다. 청군과 백군은 **벅찬** 얼굴로 땀을 흠뻑 흘린 서로에게 박수를 쳐 주었다.

7 이 신문 기사에서 다룬 일은 무엇인가요? (　　　　)

① 체육 대회에서 다양한 경기를 한 일
② 단체 줄넘기에 참여한 학생들이 운 일
③ 미래 초등학교 강당에서 축제가 열린 일
④ 줄다리기에 참여한 한 학생이 소감을 밝힌 일
⑤ 체육 대회에 2학년 학생들이 참여하지 못한 일

8 다음 중 ㉠에 들어갈 알맞은 낱말을 찾아 ○표 하세요.

서러웠어요　　　　답답했어요　　　　부러웠어요　　　　통쾌했어요

마음을 나타내는 말

✏️ 다음 뜻풀이를 보고, 십자말풀이를 완성하세요.

➡️ **가로**

1 남의 사정을 잘 이해하고 마음 씀씀이가 넓다.

2 기쁨, 희망 등이 넘칠 듯이 가득하다.

3 어떤 일을 한 뒤에 좋은 결과나 가치, 만족한 느낌이 있다.

4 느낌이 시원하고 산뜻하다.

5 사람을 대하거나 보기가 부끄럽다.

⬇️ **세로**

1 억울하고 슬프다.

2 마음이나 분위기가 가라앉지 않고 조금 흥분되다.

3 남의 것을 탐내거나, 형편이 나은 사람을 부러워하거나 싫어하는 마음이 생기다.

4 아주 즐겁고 시원하여 유쾌하다.

5 마음에 들지 않아서 탓하거나 미워하다.

1 다음 밑줄 친 뜻을 가진 낱말을 찾아 ○표 하세요.

> 함평 나비 축제를 다녀왔다. 애벌레, 번데기를 거쳐 나비가 되는 과정을 한 눈에 볼 수 있게 전시한 것이 <u>아주 그럴듯하고 좋았다.</u>

너그럽다   원망하다   근사하다   당황하다

2 다음 주어진 글자를 조합하여 밑줄 친 낱말과 뜻이 비슷한 낱말을 완성하여 쓰세요.

> 하준: 엄마, 돌잔치 때 왜 아기에게 상 위에 올려놓은 돈, 실, 연필 같은 물건을 잡게 하는 거예요?
> 엄마: 아기가 잡는 물건을 보면 아기의 미래를 알 수 있다고 생각하기 때문이야. 그래서 부모는 <u>조마조마한</u> 마음으로 자식의 돌잡이를 지켜본단다.

조 다 초 하 ➡ ☐ ☐ ☐ ☐

3 다음 밑줄 친 낱말과 뜻이 반대인 낱말은 무엇인가요? (   )

> 책상 위에 책과 학용품들이 어지럽게 뒤섞여 있으면 무엇이 어디에 있는지 찾기가 어렵다. 하지만 책상 정리를 잘하면 물건을 빨리 찾을 수 있다. 또 마음이 <u>느긋해져서</u> 자신이 할 일에 집중하기도 좋다.

① 급해져서   ② 지겨워져서   ③ 차분해져서
④ 답답해져서   ⑤ 여유로워져서

4 다음 글의 〔　〕에 들어갈 가장 알맞은 낱말을 찾아 색칠하세요.

> 책을 읽고 새로운 사실을 하나씩 알게 되면 참 〔 민망하다 | 유쾌하다 | 따분하다 〕. 오늘은 백과사전을 읽고 꽃을 넣어 음식을 만드는 방법을 알게 되었다. 꽃을 넣어 음식을 만들 때 가장 먼저 할 일은 찹쌀가루를 반죽하는 것이다. 반죽한 것을 납작하게 만든 다음 꽃잎을 붙여 기름에 익히면 된다.

5 다음 글을 읽은 생각으로 알맞은 것을 찾아 ○표 하세요.

> 옛날, 장사꾼이 창과 방패를 팔았다. 장사꾼은 "이 방패는 세상에서 가장 튼튼해서 아무것도 뚫지 못해요."라고 했다. 또 "이 창은 정말 날카로워서 뚫지 못하는 게 없어요."라고 했다. 그러자 한 노인이 그 창으로 그 방패를 찌르면 어떻게 되는지를 물었다. 그제야 장사꾼은 자신의 실수를 알았다.

(1) 장사꾼은 자신이 만든 창과 방패를 많이 팔아서 보람됐을 거야.

(2) 장사꾼은 앞뒤가 맞지 않는 말을 한 것을 깨닫고 난감했을 거야.

6 다음 보기 의 낱말을 모두 사용한 글을 완성하여 쓰세요.

> **보기**
> 샘나다, 상쾌하다

친구와 시원한 강가에서 자전거를 탈 때 마음은 🖉 _____.

친구와 함께 공부했는데 친구만 백 점 받을 때 마음은 🖉 _____.

○ 다음 뜻에 알맞은 관용어를 보기 에서 찾아 빈칸에 쓰세요.

보기
마음을 주다, 마음에 차다,
마음이 굴뚝 같다, 마음이 풀리다

마음을 숨기지 않고
기쁜 마음으로 내보이다.

 남자아이가 여자아이를 좋아하는 마음을 솔직하게 고백하고 있군요.

더 바랄 게 없을 만큼
마음에 들어 기분이 좋다.

우아, 크리스마스에 받은 선물이 마음에 쏙 들었나 봐요.

마음속에 맺히거나
틀어졌던 것이 없어지다.

 엄마의 화난 마음이 귀여운 딸을 보자마자 눈 녹듯이 사르르 사라졌어요.

무엇을 간절히
하고 싶거나 원하다.

 수영 선수가 되고 싶은 마음이 강한 친구네요. 간절히 원하면 꼭 이루어질 거예요.

일이 일어난 때와 관련된 말 ❶

✎ 다음 상황에 어울리는 낱말을 사다리를 타고 내려가 빈칸에 쓰세요.

해가 뜰 시간에
전국에 비가 내려요.

아침 시간에 비가 그치고
하늘이 맑아져요.

낮 12시부터 미세 먼지가
나쁨 수준이에요.

해가 지면서 바람이
불어 기온이 떨어져요.

정오

☐☐

낮 열두 시.

비슷한말 낮, 대낮

반대말 자정

오전

☐☐

아침부터 낮 열두 시
까지의 동안.

비슷한말 아침나절

반대말 오후

새벽

☐☐

해가 뜰 즈음.

비슷한말 새벽녘

저녁

☐☐

해가 지기 시작할 때
부터 밤이 될 때까지
의 동안.

반대말 아침

밤 열두 시부터 다음 날 밤 열두 시까지의 스물네 시간을 '하루'라고 해요. 하루 안에
'새벽, 오전, 정오, 저녁' 등과 같이 때를 나타내는 낱말이 여러 가지 있지요.

1 다음 낱말의 알맞은 뜻을 찾아 선으로 이으세요.

어휘
확인

(1)  저녁 •

• ㉮ 낮 열두 시.

(2) 오전 •

• ㉯ 아침부터 낮 열두 시까지의 동안.

(3) 정오 •

• ㉰ 해가 지기 시작할 때부터 밤이 될 때까지의 동안.

2 다음 낱말의 뜻에 맞게 (　　)에 들어갈 알맞은 말을 찾아 ○표 하세요.

어휘
확인

새벽 —— 해가 (뜰, 질, 사라질) 즈음.

3 다음 문장의 밑줄 친 부분과 뜻이 통하는 낱말을 찾아 색칠하세요.

어휘
적용

(1)  친구와 <u>낮 열한 시</u>에 시계탑 앞에서 만나기로 했다.

| 오전 | 정오 |

(2)  오늘 낮에 무척 더웠지만 <u>해가 지면서</u> 시원해졌다.

| 새벽 | 저녁 |

4 다음 중 밑줄 친 낱말을 알맞게 사용하여 말한 친구를 찾아 이름을 쓰세요.

어휘
적용

연아: 오전 수업이 시작되기 전에 급식실에서 저녁밥을 먹었어.

고은: 엄마가 새벽부터 일어나 도시락을 준비해 주셨어.

도율: 저녁이 되자, 먼바다에서 해가 떠올랐어.

(   )

5 다음 관계의 낱말끼리 짝 지어진 것을 보기에서 두 가지씩 찾아 기호를 쓰세요.

어휘
확장

보기

ㄱ 오전 – 오후

ㄴ 정오 – 대낮

ㄷ 저녁 – 아침

ㄹ 새벽 – 새벽녘

(1) 뜻이 비슷한 낱말: (   )

(2) 뜻이 반대인 낱말: (   )

짝꿍어휘

6 다음 밑줄 친 낱말과 짝을 이루는, ㄱ~ㄴ에 들어갈 알맞은 낱말을 찾아 선으로 이으세요.

(1)   ㄱ   <u>새벽</u>에 사람들이 운동장에 모였다.   ·

· ㉮   **무렵**
└ 어떤 시기와 대략 일치하는 때.

(2)   <u>오전</u> 일곱 시   ㄴ   부터 함께 달리기 시작했다.   ·

· ㉯   **이른**
└ 기준이 되는 때보다 앞서거나 빠른.

독해로
어휘 마무리

오늘의
나의 실력은?
최고야 좋았어 힘내자

3주 1일
정답 확인

○ 다음 일기 예보를 읽고, 물음에 답하세요.

> 7시 뉴스에서 오늘의 날씨를 말씀드리겠습니다.
> ㉠**새벽**에 남쪽 지방에서 시작된 비가 전국으로 ◆확대되었습니다. 시간이 지날수록 빗줄기가 점점 강해지고, 몇몇 지역은 천둥과 번개가 치는 곳도 있겠습니다. 이 비는 ㉡**오전**에 대부분 그치고 전국적으로 맑은 하늘을 보실 수 있겠습니다. 비가 그친 뒤에는 기온이 올라 포근하겠습니다. 그러나 ㉢**정오** 이후에는 미세 먼지가 나쁨 수준을 나타내므로, 외출은 피하시는 것이 좋겠습니다. ㉣**저녁**에는 서쪽에서 불어오는 차가운 바람의 영향으로 기온이 큰 폭으로 떨어져 쌀쌀하겠습니다. 변덕스러운 날씨에 감기 조심하시기 바랍니다.
>
> ◆**확대되었습니다**: 넓혀져서 크게 되었습니다.

7 ㉠~㉣ 중 다음 낱말과 바꾸어 쓸 수 있는 낱말을 찾아 기호를 쓰세요.

(1) 낮: (　　　　　　　　) 　　　(2) 아침나절: (　　　　　　　　　)

8 오늘 시간별 날씨에 대한 알맞은 설명을 찾아 선으로 이으세요.

(1) 새벽 •　　　• ㉮ 🌡️ 기온이 큰 폭으로 떨어져 쌀쌀함.

(2) 오전 •　　　• ㉯ 😣 미세 먼지가 나쁨 수준을 나타냄.

(3) 정오 •　　　• ㉰ ⛅ 비가 그치고 맑은 하늘을 볼 수 있음.

(4) 저녁 •　　　• ㉱ ☁️ 남쪽 지방에서 비가 내리기 시작함.

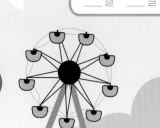

공부한 날
___월 ___일

일이 일어난 때와 관련된 말 2

✏️ 다음 퍼즐 모양을 보고, 빈칸에 알맞은 낱말을 쓰세요.

모 레 엊 그 제 글 피 그 저 께

빵을 처음 만든 게 바로 얼마 전 같아요.

ㄴ 바로 며칠 전.

비슷한말 먼저께, 일전

이틀 전이 빵집을 연 지 삼 년째 되는 날이에요.

ㄴ 어제의 전날. 즉 오늘로부터 이틀 전.

비슷한말 그제   반대말 모레

다음다음 날, 빵 만드는 법을 알려 줄 것이에요.

ㄴ 내일의 다음 날.

비슷한말 내일모레   반대말 그저께, 그제

모레의 다음 날, 양로원에 갈 예정이에요.

ㄴ 오늘을 기준으로 삼 일 뒤에 오는 날. 모레의 다음 날.

일이 일어난 때를 나타내는 우리말은 다양해요. '그제 - 어제'는 과거를 가리키고, '오늘'은 현재를 가리켜요. 또 '내일-모레-글피'는 미래를 가리켜요.

1 다음 뜻을 가진 낱말을 표의 빈칸에 쓰세요.

오늘	지금 지나가고 있는 이날.
내일	오늘의 다음 날.
	내일의 다음 날.

2 다음 뜻을 가진 낱말을 보기에서 찾아 쓰세요.

보기
글피, 어제, 그저께, 엊그제, 내후년

(1) 바로 며칠 전.

(2) 어제의 전날. 즉 오늘로부터 이틀 전.

(3) 오늘을 기준으로 삼 일 뒤에 오는 날. 모레의 다음 날.

3 다음 낱말이 들어갈 문장을 찾아 선으로 이으세요.

(1) 엊그제 •

(2) 모레 •

• ㉮ 오늘은 3일이고, ◯는 5일이다.

• ㉯ ◯ 아침에 식당에서 우연히 이모를 만났다.

4 다음 문장의 밑줄 친 부분과 뜻이 통하는 낱말을 찾아 색칠하세요.

어휘
적용

(1) <u>오늘로부터 삼 일 뒤</u>에 냇가에 가서 물놀이를 하기로 했다.

글피

엊그제

(2) <u>오늘로부터 이틀 전</u>에 운동장에서 친구들과 달팽이 놀이를 했다.

모레

그저께

5 다음 중 뜻이 서로 비슷한 낱말끼리 선으로 이으세요.

어휘
확장

(1) 모레 •

• ㉮ 그제: 어제의 전날.

(2) 그저께 •

• ㉯ 내일모레: 내일의 다음 날.

(3) 엊그제 •

• ㉰ 먼저께: 며칠 전의 어느 때.

짝꿍어휘

6 다음 밑줄 친 낱말과 짝을 이루는 낱말을 (   )에서 찾아 ○표 하세요.

유치원에 다니던 때가 <u>엊그제</u> (다른데, 같은데, 심한데) 벌써 중학생이라니 그저 놀라울 뿐이다.

독해로
어휘 마무리

오늘의
나의 실력은?

최고야 좋았어 힘내자

3주 2일
정답 확인

○ **다음 면담을 읽고, 물음에 답하세요.**

> 기자: 안녕하세요? 자기소개를 부탁드립니다.
>
> 제빵사: 반갑습니다. 저는 제빵사 김서진이에요.
>
> 기자: 빵 만드는 일은 언제부터 시작하셨나요?
>
> 제빵사: 고등학교 때부터 제빵을 공부했어요. 빵을 처음 만든 게 ㉠<u>엊그제</u> 같은
> 데 시간이 참 빠르네요. ㉡<u>그저께</u>가 빵집을 연 지 삼 년째 되는 날이었어요.
>
> 기자: 제빵사가 된 이유는 무엇인가요?
>
> 제빵사: 밀가루, 달걀, 우유로 다양한 빵을 만드는 것에 ◆매력을 느껴서예요.
>
> 기자: 언제 보람을 느끼시나요?
>
> 제빵사: 빵으로 봉사 활동을 할 때요. ㉢<u>모레</u>에는 ◆문화 센터에서 빵 만드는 법을
> 가르치고, ㉣<u>글피</u>에는 양로원에서 빵을 나누어 드릴 예정이에요.
>
> 기자: 정말 멋진 분이시네요. 바쁘실 텐데 시간 내 주셔서 감사합니다.
>
> ◆ **매력:** 사람의 마음을 사로잡아 끄는 힘.　◆ **문화 센터:** 동네 사람들이 다양한 활동을 하는 곳.

7 ㉠~㉣ 중 다음 빈칸에 들어갈 알맞은 낱말을 찾아 기호를 쓰세요.

오늘은 월요일이고, ⬭는 목요일이다.

(　　　　　　　)

8 기자가 만나 질문한 사람에 대한 설명으로 알맞은 것을 두 가지 찾아 ○표 하세요.

(1) 엊그제 빵집을 열어 처음 빵을 팔았다.　　　　(　　　)

(2) 빵으로 봉사 활동을 할 때 보람을 느낀다.　　　(　　　)

(3) 이름은 '김서진'이고, 직업은 '제빵사'이다.　　(　　　)

(4) 다른 나라에 빵을 파는 것에 매력을 느끼고 있다. (　　　)

일이 일어난 때와 관련된 말 ❸

✏️ 다음 열쇠 모양과 열쇠 구멍을 보고, 빈칸에 알맞은 낱말을 쓰세요.

개월

달을 세는 단위.

비슷한말 달, 월

보름

십오 일 동안.

비슷한말 보름날

주간

월요일부터 일요일까지 일주일 동안.

비슷한말 주, 주일

지난주

이번 주의 바로 앞의 주.

비슷한말 전주   반대말 다음 주, 차주

□□□에 개구리가 겨울잠에서 깨어났어요.

개구리의 뒷다리가 나오고 일□□이 지나면 앞다리가 나와요.

올챙이가 알에서 나온 지 □□이 되면 뒷다리가 나와요.

알을 일□□ 놓아두면 올챙이가 태어나요.

7일 동안은 '주간', 15일 동안은 '보름', 달을 세는 단위는 '개월'이라고 해요. 하루하루의 날을 세는 낱말을 공부해 보아요.

1 다음 낱말의 뜻에 맞게 ( )에서 알맞은 낱말을 찾아 ◯표 하세요.

어휘
확인

(1) 개월: (날 / 달)을 세는 단위.

(2) 지난주: 이번 주의 바로 (앞 / 뒤)의 주.

(3) 주간: 월요일부터 일요일까지 (일주일 / 한나절) 동안.

2 다음 중 '보름'의 뜻을 바르게 쓴 풍선을 찾아 색칠하세요.

어휘
확인

한 해 동안.

십오 일 동안.

봄, 여름, 가을, 겨울의 네 계절.

3 다음 빈칸에 공통으로 들어갈 알맞은 낱말을 쓰세요.

어휘
적용

• 이번 여름 방학은 일 ☐☐(이)다.

• 아기가 태어난 지 십이 ☐☐이/가 되면 돌잔치를 한다.

• 이모는 배 속에 아기를 가진 지 십 ☐☐ 만에 귀여운 딸을 낳았다.

( )

4 다음 문장의 밑줄 친 부분과 뜻이 통하는 낱말을 찾아 색칠하세요.

어휘
적용

다음 <u>월요일부터 일요일까지</u> 아침마다 열심히 체조를 합시다.

| 날짜 | 보름 | 주간 | 지난주 |

---

5 뜻이 비슷한 낱말끼리 짝 지어진 것을 찾아 ○표 하세요.

어휘
확장

(1) 보름 — 주 (   )

(2) 개월 — 달 (   )

---

6 다음 밑줄 친 낱말과 짝을 이루는 낱말을 보기 에서 찾아 빈칸에 쓰세요.

짝꿍어휘

보기

• 계획: 앞으로의 일을 자세히 생각하여 정함.
• 기회: 어떤 일을 하기에 알맞은 시기나 경우.

이번 주는 독서 주간입니다. 각자 일주일 동안 어떤 책을 읽을 것인지 <u>주간</u> (   )을/를 세워 오세요.

독해로
어휘 마무리

오늘의
나의 실력은?

최고야 좋았어 힘내자

3주 3일
정답 확인

○ 다음 설명하는 글을 읽고, 물음에 답하세요.

> **지난주**는 개구리가 겨울잠에서 깨어난다는 경칩이었어요. '개구리 올챙이 적 생각 못 한다.'라는 속담이 있을 정도로 개구리는 아기 때 모습과 어른의 모습이 달라요. 그럼 알에서 개구리가 되기까지의 과정을 알아볼까요?
>
> 개구리는 물속에 알을 낳아요. 알은 투명하고 젤리처럼 말랑해요. 알을 일 **주간** 놓아두면 올챙이가 태어나요. 올챙이는 꼬리가 기다랗고, 물고기처럼 아가미로 숨을 쉬어요. 올챙이가 알에서 나온 지 ㉠<u>보름</u> 정도 지나면 뒷다리가 나와요. 일 **개월** 정도 지나면 앞다리가 나오고, 꼬리가 점점 짧아지면서 허파가 생겨요. 꼬리가 완전히 없어지면 아가미가 사라지고, 허파와 피부로 숨을 쉴 수 있어요. 드디어 완전한 개구리가 된 것이에요.
>
>
>
> ◆ **아가미**: 물속에서 사는 동물이 숨을 쉴 수 있게 하는 기관.
> ◆ **허파**: 동물과 사람의 가슴 속 양쪽에 있는, 숨을 쉬게 하는 기관.

7 ㉠'보름'과 같은 뜻을 가진 말은 무엇인가요? (   )

① 하루   ② 열흘   ③ 한 달
④ 일주일   ⑤ 십오 일

8 개구리가 되기까지의 과정을 순서에 맞게 기호를 쓰세요.

> ㉮ 뒷다리가 나온다.
> ㉯ 알에서 올챙이가 태어난다.
> ㉰ 앞다리가 나오고, 꼬리가 짧아진다.
> ㉱ 꼬리가 없어지고 허파와 피부로 숨을 쉰다.

(   ) ➡ (   ) ➡ (   ) ➡ (   )

일이 일어난 때와 관련된 말 ④

✏️ 다음 낱말의 뜻을 보고, 빈칸에 알맞은 낱말을 써넣어 이야기를 완성하세요.

올해	내년	작년	재작년
지금 지나가고 있는 이해. 비슷한말 금년	올해의 바로 다음 해. 비슷한말 이듬해 반대말 작년	지금 지나가고 있는 해의 바로 앞의 해. 비슷한말 전년, 지난해	지난해의 바로 앞의 해. 비슷한말 전전년, 지지난해

출발 ➡️

흥부는 [ ][ ][ ] 까지 쌀 한 톨이 없었어요.

봄에 그 제비가 흥부에게 [ ][ ] 날아와 씨를 떨어뜨려 주었어요.

흥부는 [ ][ ] 에 제비 다리를 고쳐 주었어요.

놀부도 제비 다리를 고쳐 주면 [ ][ ] 봄에 박씨를 얻을 것이라 생각했어요.

➡️ 도착

'해'는 지구가 태양을 한 바퀴 도는 동안을 뜻하는 말이에요. 올해를 기준으로 바로 앞의 해를 뜻하는 말과 바로 다음의 해를 뜻하는 말을 구분하며 공부해 보아요.

1 다음 뜻을 가진 낱말이 되도록 글자판에서 알맞은 글자를 찾아 쓰세요.

어휘
확인

| 내 | 올 | 이 | 너 | 재 | 작 | 일 | 듬 | 해 | 년 |

(1) 올해의 바로 다음 해. ☐☐

(2) 지금 지나가고 있는 이해. ☐☐

(3) 지금 지나가고 있는 해의 바로 앞의 해. ☐☐

2 다음 낱말의 뜻으로 알맞은 것을 찾아 ○표 하세요.

어휘
확인

재작년

(1) 지난해의 바로 앞의 해. (   )

(2) 올해로부터 삼 년 뒤의 해. (   )

3 다음 문장에 어울리는 낱말을 보기에서 찾아 빈칸에 쓰세요.

어휘
적용

보기

작년, 올해

(1)  (   ) 겨울에 이어 금년에도 눈이 많이 내렸다.

(2)  (   ) 여름이 되면 바다로 놀러 가서 물놀이를 실컷 하고 싶다.

4 다음 문장에 어울리는 낱말을 (   )에서 찾아 ○표 하세요.

어휘
적용

(1) (재작년, 내년) 가을에도 이 나무에는 사과가 주렁주렁 열릴 것이다.

(2) 솔이는 기억력이 좋아서 (재작년, 내년)에 읽은 책 내용도 자세히 기억한다.

5 다음 밑줄 친 낱말과 바꾸어 쓸 수 있는 낱말을 찾아 색칠하세요.

어휘
확장

(1) <u>올해</u> 내 동생의 나이는 일곱 살이다.

| 금일 | 금년 | 전전년 | 재작년 |

(2) <u>내년</u> 봄이면 공원에 예쁜 꽃들이 활짝 필 거야.

| 내일 | 전년 | 이듬해 | 지난해 |

짝꿍어휘

6 다음 밑줄 친 낱말과 짝을 이루는 낱말을 보기에서 찾아 빈칸에 쓰세요.

─ 보기 ─
• 말: 어떤 기간의 끝.
• 초: 어떤 기간의 처음이나 초기.

우리 가족은 <u>작년</u> (   )에 열린 동생의 초등학교 입학식에 참석했다.

독해로
어휘 마무리

오늘의
나의 실력은?
 최고야 좋았어 힘내자

3주 4일
정답 확인

○ 다음 옛이야기를 읽고, 물음에 답하세요.

> "㉠재작년까지만 해도 쌀 한 톨이 없어서 ◆절절매던 놈이 이렇게 부자가 되다니. 도둑질이라도 한 것이냐?"
>
> 놀부가 심통이 난 얼굴로 묻자 흥부는 ◆곧이곧대로 말하였어요.
>
> "제가 ㉡작년에 구렁이 때문에 다리를 다친 제비를 고쳐 준 적이 있습니다. 그런데 ㉢올해 봄에 그 제비가 찾아와서 씨 하나를 뚝 떨어뜨리지 뭡니까. 하도 신기해서 땅에 씨를 묻었더니 박이 주렁주렁 열렸지요. 죽이라도 끓여 먹으려고 박을 썰었더니 박 속에서 금은보화가 나와 이리 부자가 되었습니다."
>
> 흥부의 말에 놀부는 무릎을 탁 쳤어요.
>
> '옳거니! 제비 다리를 부러뜨린 다음 고쳐 주어야겠구나. 그러면 ㉣내년 봄에 박씨를 물어다 주겠지. 흐흐흐!'
>
> 놀부는 흥부에게 인사도 하지 않고 바람처럼 집으로 달려갔어요.
>
> ◆ **절절매던:** 어찌할 줄 몰라서 정신을 못 차리던.
> ◆ **곧이곧대로:** 조금도 거짓이 없이 나타나거나 있는 그대로.

7 ㉠~㉣은 일이 일어난 때를 나타내는 낱말입니다. ㉠~㉣ 중 가장 나중을 나타내는 낱말을 찾아 기호를 쓰세요.

(   )

8 흥부에 대한 설명으로 알맞지 <u>않은</u> 것은 무엇인가요? (   )

① 제비가 물어다 준 박씨를 땅에 심었다.

② 쌀 한 톨이 없어서 절절매던 때가 있었다.

③ 박 속에서 금은보화가 나와 부자가 되었다.

④ 구렁이 때문에 다리를 다친 제비를 고쳐 주었다.

⑤ 놀부에게 부자가 된 사연을 솔직하게 말해 주지 않았다.

일이 일어난 때와 관련된 말

✏️ 다음 뜻에 알맞은 낱말을 가로, 세로로 찾아 선으로 연결하세요.

모	래	정	원	들	오	늘	올	해
자	노	오	전	판	사	랑	하	다
고	국	수	기	뻠	하	보	나	랑
솔	선	수	범	글	다	름	눔	누
푸	내	고	향	피	다	봉	사	가
작	년	모	레	강	지	난	주	말
현	재	일	기	미	지	의	간	터

 낱말 뜻

1 낮 열두 시.
2 십오 일 동안.
3 내일의 다음 날.
4 올해의 바로 다음 해.
5 이번 주의 바로 앞의 주.
6 지금 지나가고 있는 이해.
7 아침부터 낮 열두 시까지의 동안.
8 월요일부터 일요일까지 일주일 동안.
9 오늘을 기준으로 삼 일 뒤에 오는 날.
10 지금 지나가고 있는 해의 바로 앞의 해.

1 다음 밑줄 친 낱말의 뜻은 무엇인가요? (　　　　)

> 바다로 둘러싸인 우리나라에는 바다 먹거리가 아주 많아요. 바다 먹거리를 사고파는 곳을 '수산 시장'이라고 하는데, 수산 시장은 <u>새벽</u>부터 열린답니다. 바다에서 잡아 온 갈치, 조개, 오징어 등 싱싱한 먹거리로 가득해요.

① 해가 뜰 즈음.　　　　　② 바로 며칠 전.
③ 오늘의 다음 날.　　　　④ 모레의 다음 날.
⑤ 지난해의 바로 앞의 해.

2 다음 밑줄 친 낱말과 뜻이 비슷한 낱말을 찾아 색칠하세요.

> <u>그저께</u> 나는 훈이와 숲 체험을 갔다. 우리는 숲 해설가에게 나무와 풀 이름에 얽힌 이야기를 듣고, 식물의 다양한 쓰임새를 알게 되어 즐거웠다.

| 글피 | 그제 | 내후년 | 내일모레 |

3 다음 ㉠~㉣ 중 밑줄 친 '내년'과 뜻이 반대인 낱말을 찾아 기호를 쓰세요.

> 슬기: 선생님, <u>내년</u> ㉠한글날은 며칠인가요?
> 선생님: ㉡작년이나 ㉢올해와 마찬가지로 내년에도 한글날은 10월 9일이야. 세종 대왕의 한글 창제와 반포를 기념하려고 정한 ㉣기념일이지.
> 슬기: 한글날마다 한글을 바르게 써야겠다고 다짐하게 돼요.

(　　　　　　　　　)

4 다음 글의 빈칸에 들어갈 알맞은 낱말은 무엇인가요? (   )

> 왜 바다에 갈 때 선크림을 발라야 할까요? ⬚과/와 같이 햇볕이 뜨거운 때에 피부를 보호하기 위해서예요. 햇볕은 피부를 태우고, 피부에 나쁜 병을 일으킬 수 있거든요.

① 새벽   ② 한밤   ③ 저녁
④ 정오   ⑤ 꼭두새벽

5 다음 글에서 설명한 것을 찾아 ○표 하세요.

> 해의 모양은 늘 같지만 달의 모양은 한 달 동안 계속 변해요. 처음에는 달이 눈썹처럼 생겼다가 점점 불룩하게 커져요. 그러다가 보름이 지나면 동그란 쟁반 같은 모양의 보름달이 됩니다. 하지만 그 뒤로 다시 점점 작아져 눈썹 모양이 되지요. 1개월이 지나면 처음과 같은 모양이 된답니다.

(1) 달의 모양 변화   (   ) (2) 해와 달의 같은 점   (   )
(3) 보름달의 또 다른 이름 (   ) (4) 우리나라의 날씨와 생활 (   )

6 다음 보기의 낱말을 모두 사용한 글을 완성하여 쓰세요.

보기

지난주, 글피

✎ _____ 수요일에 지저분한 물을 깨끗하게 만드는 정수장을 다녀왔다.

정수장에는 더러운 물을 걸러 내고 사람이 먹을 수 있을 만큼 깨끗한 물로 바꾸는

기계들이 있었다. ✎ _____에는 바람을 이용해 에너지를 얻는 발전소를 견학할

예정이다.

한 걸음 더!

오늘의
나의 실력은?
최고야 좋았어 힘내자

3주 5일
정답 확인

○ 다음 뜻에 알맞은 속담을 에서 찾아 빈칸에 쓰세요.

보기

세월이 약, 쥐구멍에도 볕 들 날 있다,
세월은 사람을 기다려 주지 않는다, 십 년이면 강산도 변한다

아무리 가슴 아픈 일도
시간이 흐르고 나면 잊게 된다.

슬픈 일도 시간이 지나면 다 잊혀지게 되는 법이랍
니다.

무슨 일을 하든지 시간을 아껴
부지런히 힘써야 한다.

이렇게 소중한 시간을 낭비하다니! 나중에는 후회
하게 될 거예요.

세월이 흐르면
모든 것이 다 변한다.

자연물로 가득했던 곳이 시간이 많이 흘러 도시로
변했어요.

지금 당장은 힘들어도
언젠가는 좋은 날이 있을 것이다.

캄캄한 쥐구멍에도 햇볕이 들듯이 지금 어렵고 힘
들어도 견디다 보면 기쁜 날이 올 거예요.

4주 1일 재거나 세는 말 ①

✏️ 다음 상황에 어울리는 낱말을 사다리를 타고 내려가 빈칸에 쓰세요.

구두 굽의 아래에서 위까지 길이를 잴 수 있어요.

이 치마는 위에서 아래로 나 있는 줄무늬가 있어요.

키가 작아도 기다란 치마를 입어 보세요.

옷을 살 때, 허리의 한 바퀴가 얼마인지 재어 봐요.

길다

물체의 두 끝이 멀다.

비슷한말 길쭉하다, 기다랗다

반대말 짧다

높이

아래에서 위까지의 거리.

비슷한말 키

둘레

무엇의 바깥쪽 부분을 한 바퀴 돈 길이.

비슷한말 테두리

반대말 가운데

세로

위에서 아래로 나 있는 방향. 또는 그 길이.

반대말 가로

이번 주에는 도구를 사용해 길이, 크기, 들이, 무게, 시간, 속도 등을 재는 말을 차례로 공부해 볼 거예요. 그중에서 오늘은 물건의 길이와 관계있는 말, 가로와 세로처럼 방향을 가리키는 말을 알아보아요.

1 다음 낱말의 알맞은 뜻을 찾아 선으로 이으세요.

어휘
확인

(1)  높이 •

• ㉮ 아래에서 위까지의 거리.

(2)  둘레 •

• ㉯ 무엇의 바깥쪽 부분을 한 바퀴 돈 길이.

2 다음 낱말의 뜻에 맞게 ( )에 들어갈 알맞은 낱말을 찾아 ○표 하세요.

어휘
확인

(1) 길다 ➡ 물체의 두 끝이 (멀다, 가깝다).

(2) 세로 ➡ (왼쪽에서 오른쪽, 위에서 아래)(으)로 나 있는 방향. 또는 그 길이.

3 다음 문장의 밑줄 친 부분과 뜻이 통하는 낱말을 찾아 색칠하세요.

어휘
적용

(1) 바다와 육지가 맞닿은 <u>선의 두 끝이 서로 멀다</u>.

| 좁다 | 낮다 | 길다 | 깊다 |

(2) 이 호수의 <u>바깥쪽 부분을 한 바퀴 돈 길이</u>는 이백 미터이다.

| 무게 | 온도 | 둘레 | 부피 |

4 다음 중 밑줄 친 낱말을 알맞게 사용하여 말한 친구의 말풍선에 모두 색칠하세요.

어휘 적용

기린은 목과 다리가 길다.

마을 뒷산은 너무 낮아서 높이가 없다.

색종이의 세로 길이를 잰 다음에 자른다.

5 다음 중 뜻이 서로 반대인 낱말끼리 선으로 이으세요.

어휘 확장

(1)  길다 •

(2)  둘레 •

(3) 세로 •

• ㉮ 짧다

• ㉯ 가로

• ㉰  가운데

짝꿍어휘

6 다음 낱말 뜻을 보고, 밑줄 친 낱말과 짝을 이루는 낱말을 보기 에서 찾아 쓰세요.

보기

• 긋다: 금이나 줄을 그리다.
• 재다: 자, 저울 등을 이용해 길이, 높이, 무게 등의 정도를 알아보다.

(1) 지수가 팔로 나무의 높이를 (   ).
(2) 민우가 도화지에 선을 세로로 (   ).

독해로
어휘 마무리

오늘의
나의 실력은?   최고야   좋았어   힘내자

4주 1일
정답 확인

○ 다음 광고를 보고, 물음에 답하세요.

키가 작아서 ㉠긴 치마를 입지 못한다고요? 멋쟁이 치마를 입어 보세요.

멋쟁이 치마는

• 줄무늬가 **세로**로 나 있어서 다리가 길어 보여요.

• 허리에 고무줄이 있어서 편하게 입을 수 있어요.

• 시원한 옷감으로 만들어서 봄, 여름, 가을에 입을 수 있어요.

• 굽의 ㉡**높이**가 높은 구두를 신으면 한층 우아하고 세련되게 보여요.

차려입은 듯 멋스럽게! 멋쟁이 치마로 기분 좋은 하루를 만드세요!

[주의 사항]
- 엉덩이와 허리의 ㉢**둘레**를 정확하게 잰 뒤에 치마의 크기를 선택하세요.
- 제품의 색깔은 그림과 조금 다를 수 있습니다.

✦ **세련되게:** 모습이나 인격 등이 우아하고 품위가 있게.

7 ㉠~㉢ 중 다음 밑줄 친 낱말과 뜻이 통하는 낱말을 찾아 기호를 쓰세요.

이 책상은 <u>키</u>가 낮아 어린아이들이 사용하기에 알맞아.

(   )

8 멋쟁이 치마에 대한 설명으로 알맞지 <u>않은</u> 것은 무엇인가요? (   )

① 허리에 고무줄이 있다.

② 세로로 된 줄무늬가 있다.

③ 사계절 모두 입을 수 있다.

④ 굽이 높은 구두를 신으면 우아하게 보인다.

⑤ 치마의 크기를 선택하려면 엉덩이와 허리의 둘레를 재야 한다.

재거나 세는 말 ②

✏️ 다음 퍼즐 모양을 보고, 빈칸에 알맞은 낱말을 쓰세요.

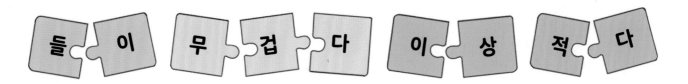

들 이 무 겁 다 이 상 적 다

탑승자의 몸무게가 많이 나가면 탈 수 없어요.

ㄴ 무게가 나가는 정도가 크다.

비슷한말 묵직하다, 육중하다   반대말 가볍다

500밀리리터인 생수는 반입해 마실 수 있어요.

ㄴ 통이나 그릇 안에 넣을 수 있는 물건이 차지하는 크기.

이용자 수가 조금일 때 이용해 주세요.

ㄴ 수나 양이 일정한 기준에 미치지 못하다.

비슷한말 덜하다, 부족하다   반대말 많다

키가 120센티미터이거나 그보다 크면 탈 수 있어요.

ㄴ 수나 양이 일정한 기준을 포함하여 그보다 많거나 나은 것.

반대말 이하

들이를 잴 때나 수를 셀 때, '많다', '적다'라고 말해요. 또 무게를 잴 때는 '무겁다', '가볍다'라고 말하지요. 들이나 수, 무게를 재는 말의 쓰임에 대해 공부해 보아요.

1 다음 낱말의 뜻에 맞게 ( )에서 알맞은 낱말을 찾아 ○표 하세요.

어휘
확인

(1) 무겁다: 무게가 나가는 정도가 (크다 / 작다).

(2) 이상: 수나 양이 일정한 기준을 포함하여 그보다 (많거나 / 적거나) 나은 것.

2 다음 낱말의 뜻으로 알맞으면 에 ○표, 알맞지 <u>않으면</u> 에 ○표 하세요.

어휘
확인

(1) 적다   수나 양이 일정한 기준을 넘다.   ➡

(2) 들이   통이나 그릇 안에 넣을 수 있는 물건이 차지하는 크기.

➡

3 다음 문장에 어울리는 낱말을 [보기]에서 찾아 빈칸에 쓰세요.

어휘
적용

┌─────────── 보기 ───────────┐
│   적다, 무겁다   │
└─────────────────────────────┘

(1)    수박이 복숭아보다 더 (   ).

(2)    로봇의 수가 곰 인형의 수보다 (   ).

4 다음 낱말이 들어갈 문장을 찾아 선으로 이으세요.

어휘
적용

(1) 들이 •

• ㉮ 나리는 집에서 주 3회 ⬭ 피아노 연주를 한다.

(2) 이상 •

• ㉯ 물과 음료수를 같은 그릇에 담아 나란히 놓고 ⬭ 을/를 비교했다.

5 다음 밑줄 친 낱말과 뜻이 비슷한 낱말을 두 가지 찾아 ○표 하세요.

어휘
확장

코끼리는 땅 위에 사는 동물 중 몸집이 가장 크다. 다 자란 코끼리 1마리의 몸무게는 어른 100명의 몸무게와 비슷할 정도로 <u>무겁다</u>.

| 적다 | 가볍다 | 육중하다 | 묵직하다 |

짝꿍어휘

6 다음 낱말 뜻을 보고, ㉠~㉡에 들어갈 알맞은 낱말을 보기 에서 찾아 쓰세요.

보기
• 수량: 수와 양.
• 평균: 수나 양, 정도의 중간값을 갖는 수.

요즘 밤에도 기온이 내려가지 않고, 기온이 ㉠ 이상이다. 이 때문에 에어컨을 사는 사람이 꾸준히 늘어 남아 있는 에어컨의 ㉡ 이 <u>적다</u>.

㉠ ╠═╣ 이상   ㉡ ╠═╣ 적다

독해로
어휘 마무리

오늘의
나의 실력은?
최고야 좋았어 힘내자

4주 2일
정답 확인

○ 다음 안내하는 글을 읽고, 물음에 답하세요.

신나라 물놀이 공원에서 안전하고 즐거운 시간을 보내시기 바랍니다.

1. 이용 시간

월요일 ~ 금요일	주말, 공휴일
오전 9시 ~ 오후 6시	오전 9시 ~ 오후 8시

2. 이용 규칙

- 구명조끼, 수영복, 수영 모자를 반드시 착용합니다.

- 물 상태를 깨끗하게 유지하기 위해 음료수와 음식물◆반입을 금지합니다. 하지만 **들이**가 500밀리리터인 생수는 반입할 수 있습니다.

- 날아라 보트는 한 보트에 세 명까지◆탑승할 수 있으며 탑승자의 몸무게가 합쳐서 200킬로그램이 넘으면 너무 **무거워** 탈 수 없습니다.

- 회오리 미끄럼틀은 키 120센티미터 **이상**, 나이 60세 이하면 탈 수 있습니다.

- 시원한 파도 풀은 이용자 수가 100명보다 **적을** 때 이용해 주시기 바랍니다.

◆ **반입:** 다른 곳으로부터 물건을 운반하여 들여옴.
◆ **탑승할:** 배나 비행기, 차 등에 올라탈.

7 다음 빈칸에 들어갈 알맞은 낱말을 이 글에서 찾아 쓰세요.

생수병에 1.5L(리터), 음료수병에 250mL(밀리리터)라고 쓰여 있다. 생수병과 음료수병에 쓰인 이 L와 mL는 ☐☐ 의 단위이다.

8 회오리 미끄럼틀을 이용할 수 있는 키는 몇인가요? ( )

① 100센티미터 ② 105센티미터 ③ 110센티미터
④ 115센티미터 ⑤ 150센티미터

재거나 세는 말 ③

✏️ 다음 열쇠 모양과 열쇠 구멍을 보고, 빈칸에 알맞은 낱말을 쓰세요.

가늘다

물건의 굵기가 보통보다 얇으면서 길다.

비슷한말 가느다랗다　반대말 굵다, 굵직하다

두껍다

물건의 두께가 보통보다 크다.

비슷한말 도톰하다, 두툼하다　반대말 얇다

좁다

면이나 바닥 등이 차지하는 크기가 작다.

비슷한말 비좁다, 좁다랗다　반대말 넓다

폭

평평한 면이나 넓은 물체의 가로 길이.

비슷한말 너비

자치기할 때 짤막한 나무 토막을 치는 막대기는 길고

☐☐☐.

딱지치기하기에 좋은 딱지는 크고

☐☐☐.

옛날 어린이들의 놀이 공간이

☐☐.

널뛰기에 사용한 널빤지의

☐ 은 좁다.

'두께'는 물건의 두꺼운 정도를 말하고, '너비'는 길고 반듯한 것의 가로 길이나 두 물건 사이의 거리를 말해요. 두께를 잴 때는 '두껍다', '얇다' 등의 말을 사용하고, 너비를 잴 때는 '넓다', '좁다' 등의 말을 사용한답니다.

1 다음 뜻을 가진 낱말이 되도록 글자판에서 알맞은 글자를 찾아 쓰세요.

| 가 | 터 | 늘 | 톰 | 다 | 하 | 폭 | 달 | 나 | 비 |

(1) 평평한 면이나 넓은 물체의 가로 길이.

(2) 물건의 굵기가 보통보다 얇으면서 길다.

2 다음 낱말의 뜻에 맞게 빈칸에 들어갈 알맞은 낱말을 보기에서 찾아 쓰세요.

보기

크다, 작다

(1) 두껍다: 물건의 두께가 보통보다 (   ).

(2) 좁다: 면이나 바닥 등이 차지하는 크기가 (   ).

3 다음 대화를 읽고, 빈칸에 들어갈 알맞은 낱말을 찾아 ○표 하세요.

: 얘들아, 이 의자는 1인용인가 봐.

: 맞아, 의자가 정말 (   ). 우리가 함께 앉기는 힘들겠어.

: 좀 더 큰 의자는 없을까?

| 좁다 | 넓다 | 굵다 | 크다 |

4 다음 문장의 밑줄 친 부분과 뜻이 통하는 낱말을 찾아 색칠하세요.

어휘
적용

(1) 이 국수는 면발 굵기가 <u>얇으면서도 길어서</u> 정말 맛있어!

깊다

가늘다

(2) 건물 복도가 사람들이 다니기에 불편합니다. 복도의 <u>가로 길이</u>를 재어 본 다음에 공사를 합시다.

키

폭

5 다음 낱말과 뜻이 반대인 낱말을 보기 에서 찾아 쓰세요.

어휘
확장

보기

넓다, 굵다, 얇다

(1) ↔ (좁다) ↔ ( )

(2) ↔ (두껍다) ↔ ( )

(3) ↔ (가늘다) ↔ ( )

짝꿍어휘

6 다음 밑줄 친 낱말과 짝을 이루는, 빈칸에 들어갈 알맞은 낱말을 찾아 ○표 하세요.

이 도로는 <u>폭</u>이 6 ☐ 정도 된다.

(1) 미터: 길이의 단위.　　(　　　)

(2) 일: 날을 세는 단위.　　(　　　)

(3) 킬로그램: 무게의 단위.　(　　　)

독해로
어휘 마무리

오늘의
나의 실력은?

최고야   좋았어   힘내자

4주 3일
정답 확인

○ 다음 설명하는 글을 읽고, 물음에 답하세요.

옛날 어린이들은 간단한 도구만 있으면 **좁은** 공간에서도 즐겁게 놀이했어요.

그중 딱지치기는 상대방의 딱지를 땅바닥에 하나 놓고, 자기 딱지로 쳐서 뒤집히면 딱지를 가져가는 놀이예요. 딱지치기는 상대의 딱지를 많이 가지는 것으로 끝나요. 딱지의 두께가 **두껍고** 크기가 클수록 딱지치기하는 데[♦]유리해요.

그리고 널뛰기는 널빤지의 중간에 받침을[♦]괴어 놓고, 양쪽 끝에 한 사람씩 올라서서 서로 번갈아 뛰어오르는 놀이예요. 이때 발이 널빤지에서 먼저 떨어지는 사람이 지게 되지요. 널뛰기에 사용하는 널빤지는 튼튼한 나무로 만드는데 길이는 2~3미터, **폭**은 35~40센티미터 정도가 적당해요.

이 외에 작은 돌을 퉁긴 대로 금을 그어 땅을 따 가는 땅따먹기, 길고 **가는** 막대기로 짤막한 나무토막을 쳐서 날아간 거리로 승부를 정하는 자치기도 즐겨 했어요.

♦ **유리해요:** 좋은 점이 있어요.
♦ **괴어:** 기울어지거나 쓰러지지 않도록 아래를 받쳐 안정시켜.

7 이 글에 쓰인 말과 비슷한말을 <u>잘못</u> 짝 지은 것을 찾아 ✕표 하세요.

(1) 좁다 – 비좁다　　（　　　　）　　(2) 폭 – 너비　　　　（　　　　）

(3) 두껍다 – 도톰하다 （　　　　）　　(4) 가늘다 – 굵직하다 （　　　　）

8 이 글에서 다음 방법으로 하는 놀이의 이름을 찾아 쓰세요.

(1) 돌을 퉁긴 대로 금을 그어 땅을 딴다.　　　　　　　　（　　　　　　）

(2) 막대기로 나무토막을 쳐서 날아간 거리를 잰다.　　　（　　　　　　）

(3) 땅바닥에 놓인 상대방의 딱지를 자기 딱지로 쳐서 뒤집는다.

（　　　　　　）

(4) 널빤지 양쪽 끝에 한 사람씩 올라서서 서로 번갈아 뛰어오른다.

（　　　　　　）

재거나 세는 말 ④

✏️ 다음 낱말의 뜻을 보고, 빈칸에 알맞은 낱말을 써넣어 이야기를 완성하세요.

정각	빠르다	분	속도
틀림없는 바로 그 시각.	움직이는 시간이 보통보다 짧다. 비슷한말 날쌔다, 잽싸다 반대말 느리다	한 시간의 60분의 1을 나타내는 시간의 단위.	물체가 움직이거나 일이 진행되는 빠르기. 비슷한말 빠르기, 속력

출발 ➡️

01:00

한 시 [ ] [ ] 에
토끼와 거북이가 출발했다.

거북이는 느리고,
토끼는 [ ][ ][ ] .

달리기 경주

01:20

이십 [ ] 이 지나서
토끼가 잠이 들었다.

거북이는 [ ][ ] 는
느리지만 쉬지 않았다.

➡️ 도착

시계 읽는 방법을 알고 있나요? 시계의 긴바늘은 '분'을, 짧은바늘은 '시'를 가리키지요. 또 시계의 긴바늘이 한 바퀴 도는 데 60분의 시간이 걸리는데, 60분은 1시간이에요. 시간과 관련 있는 여러 가지 말을 공부해 보아요.

1 다음 뜻을 가진 낱말을 찾아 색칠하세요.

어휘 확인

(1) 물체가 움직이거나 일이 진행되는 빠르기.

온도　　　속도

(2) 틀림없는 바로 그 시각.

정오　　　정각

2 다음 뜻을 가진 낱말을 쓰세요.

어휘 확인

(1) 움직이는 시간이 보통보다 짧다.

☐☐☐

(2) 한 시간의 60분의 1을 나타내는 시간의 단위.

☐

3 다음 중 빈칸에 '속도'가 들어갈 알맞은 문장을 찾아 기호를 쓰세요.

어휘 적용

㉠ 스웨터를 만져 보니 ⬭이/가 부드럽다.

㉡ 월요일 아침마다 자동차들이 느린 ⬭(으)로 천천히 간다.

㉢ 정육점 주인이 저울에 고깃덩어리를 올려놓고 ⬭을/를 쟀다.

(　　　　　)

4 다음 그림을 보고, 빈칸에 들어갈 알맞은 낱말을 찾아 선으로 이으세요.

어휘 적용

(1) 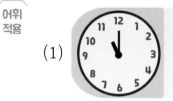 11시 ⬭이다. •

• ㉮ 분

(2)  1시 30⬭이다. •

• ㉯ 정각

(3) 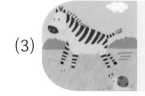 달팽이보다 얼룩말이 훨씬 ⬭. •

• ㉰ 빠르다

5 다음 낱말과 뜻이 비슷한 낱말을 보기에서 두 가지씩 찾아 쓰세요.

어휘 확장

보기

빠르기, 날쌔다, 잽싸다, 속력

(1) 속도: ( ), ( )

(2) 빠르다: ( ), ( )

짝꿍어휘

6 다음 밑줄 친 낱말과 짝을 이루는 낱말을 보기에서 찾아 빈칸에 쓰세요.

보기

• 조장: 바람직하지 않은 일을 더 심해지도록 부추김.

• 조절: 균형이 맞게 바로잡음. 또는 적당하게 맞추어 나감.

➡ 학교 앞 어린이 보호 구역에서 자동차의 <u>속도</u>를 ( )해 주시기 바랍니다.

○ 다음 이야기를 읽고, 물음에 답하세요.

> 옛날에 토끼와 거북이가 살았어요. 토끼는 날마다 거북이를 느림보라고 놀렸지요. 어느 날, 거북이가 토끼에게 말했어요.
>
> "토끼야, 저 산꼭대기까지 누가 빨리 가는지 경주하자."
>
> "내가 이길 게 뻔한데? 좋아, 해 보자."
>
> 토끼와 거북이는 한 시 **정각**이 되자 동시에 출발했어요.
>
> 거북이는 엉금엉금 걸어갔고, 토끼는 ㉠**빠르게** 달려갔어요.
>
> 이십 **분**이 지나자 토끼는 산꼭대기 근처에 도착했어요.
>
> "거북이가 쫓아오려면 아직 멀었군. ◆한숨 자야지."
>
> 토끼는 나무 아래에서 잠들었어요. 거북이는 **속도**는 느리지만 쉬지 않았어요.
>
> "야호! 내가 이겼다."
>
> 한참 뒤, 거북이의 ◆환호성에 놀란 토끼가 잠에서 깼어요. 토끼는 허둥지둥 산꼭대기로 달려갔지만 이미 거북이에게 지고 말았어요.
>
> ◆ **한숨**: 쉬거나 잠을 자는 짧은 시간.   ◆ **환호성**: 기뻐서 크게 외치는 소리.

7 ㉠과 뜻이 반대인 낱말은 무엇인가요? (　　　　)

① 낮게   ② 크게   ③ 작게

④ 느리게   ⑤ 가늘게

8 이 이야기에서 일이 일어난 차례대로 기호를 쓰세요.

> ㉮ 토끼가 나무 아래에서 잠이 들었다.
>
> ㉯ 토끼가 거북이를 느림보라고 놀렸다.
>
> ㉰ 토끼와 거북이가 달리기 경주를 시작하였다.
>
> ㉱ 거북이가 토끼보다 먼저 산꼭대기에 도착하였다.

(　　　) ➡ (　　　) ➡ (　　　) ➡ (　　　)

재거나 세는 말

✎ 다음 뜻풀이를 보고, 십자말풀이를 완성하세요.

➡️ **가로**

1 틀림없는 바로 그 시각.

2 움직이는 시간이 보통보다 짧다.

3 무엇의 바깥쪽 부분을 한 바퀴 돈 길이.

4 물체가 움직이거나 일이 진행되는 빠르기.

5 수나 양이 일정한 기준을 포함하여 그보다 많거나 나은 것.

⬇️ **세로**

1 면이나 바닥 등이 차지하는 크기가 작다.

2 평평한 면이나 넓은 물체의 가로 길이.

3 물체의 두 끝이 멀다.

4 위에서 아래로 나 있는 방향. 또는 그 길이.

5 통이나 그릇 안에 넣을 수 있는 물건이 차지하는 크기.

1 다음 밑줄 친 뜻을 가진 낱말을 찾아 ○표 하세요.

> 학교 앞에 있는 나무는 <u>아래에서 위까지의 거리</u>가 이십 미터이고, 둘레는 오 미터인 아주 큰 나무이다.

(높이, 무게, 들이)

2 다음 밑줄 친 낱말과 바꾸어 쓸 수 있는 낱말은 무엇인가요? ( )

> 거미가 만드는 거미줄은 무척 얇고 <u>가늘다</u>. 거미는 이 거미줄로 집을 짓는다. 거미가 만든 집에 걸려든 곤충들은 꼼짝하지 못하고 거미의 먹이가 되고 만다.

① 굵다 ② 날쌔다 ③ 무겁다
④ 빽빽하다 ⑤ 가느다랗다

3 다음 글에서 밑줄 친 낱말과 뜻이 반대인 낱말을 찾아 쓰세요.

> 우리가 사는 지구에서는 무엇이든지 아래로 떨어집니다. 가벼운 사과도 떨어지고, <u>무거운</u> 바위도 떨어집니다. 이것은 지구가 물건을 아래쪽으로 잡아당기는 힘 때문입니다. 이처럼 지구가 지구 위의 물체를 잡아당기는 힘을 '중력'이라고 합니다.

4 다음 글의 (   )에 들어갈 알맞은 말을 찾아 ○표 하세요.

> 현준이가 공원에서 솜사탕을 사려고 줄을 서 있다. 현준이의 앞에 3명이 서 있고, 뒤에 9명이 서 있다. 현준이의 앞에 서 있는 사람은 현준이의 뒤에 서 있는 사람보다 그 수가 (좁다, 많다, 적다).

5 다음 글의 제목으로 알맞은 것은 무엇인가요? (   )

> 날씨에 따라 우리가 입는 옷차림이 다르다. 날씨가 더우면 소매나 바지의 길이가 짧은 옷을 입어 몸을 시원하게 한다. 그리고 챙이 있는 모자를 써서 햇빛을 가린다. 날씨가 추우면 두꺼운 겉옷을 입어 차가운 바람을 막는다. 또, 털모자나 목도리로 머리나 목을 따뜻하게 한다.

① 햇빛을 쬐는 방법 ② 소매가 짧은 옷의 종류
③ 겉옷을 입으면 좋은 점 ④ 날씨에 따라 다른 옷차림
⑤ 더운 여름과 추운 겨울의 특징

6 다음 보기의 낱말을 모두 사용한 글을 완성하여 쓰세요.

보기

이상, 정각

이 영화는 낮 2시 ✏️_____에 시작한다. 영화 속 주인공이 동물들과 함께 모험을 떠나는 내용으로, 5세 ✏️_____이면 누구나 재미있게 볼 수 있다.

○ 다음 뜻에 알맞은 관용어를 보기 에서 찾아 빈칸에 쓰세요.

> **보기**
>
> 빙산의 일각, 병아리 눈물만큼,
>
> 구름같이 모여들다, 셀 수 없을 만큼

한꺼번에
많이 모여들다.

길 한복판에 아이돌이 나타나자 팬들이 순식간에 모여들었어요.

매우 많이.
또는 헤아릴 수 없이.

식물원에 가서 보니까 수많은 종류의 꽃이 활짝 피어 있었어요.

매우 적은 양을
빗대어 이르는 말.

에고, 목이 많이 마를 텐데 물이 정말 찔끔찔끔 나오네요.

대부분이 숨겨져 있어
겉으로 나타나 있는 것은 아주 적음.

정말 재주가 많은 친구예요. 우리가 저 친구에 대해 알고 있던 건 아주 조금이었어요.

자연과 관련된 말 ①

✏️ 다음 상황에 어울리는 낱말을 사다리를 타고 내려가 빈칸에 쓰세요.

날씨가 자주 바뀌니 준비물을 잘 챙기세요.

깨끗한 공기와 아름다운 산천을 느껴 보세요.

생물이 살아가는 세계를 훼손하면 안 돼요.

뿌연 안개가 많이 끼면, 행사가 취소될 수 있어요.

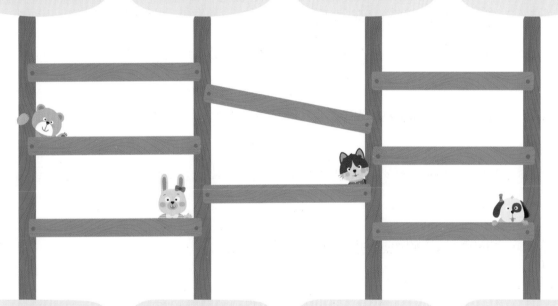

생태계
☐☐☐

일정한 환경에서 여러 생물들이 적응하고 관계를 맺는 세계.

비슷한말 생물계

안개
☐☐

땅 가까이에 아주 작은 물방울들이 부옇게 떠 있는 현상.

기상
☐☐

바람, 비, 구름, 눈 등 공기 속에서 일어나는 현상.

비슷한말 날씨, 일기

자연
☐☐

저절로 생겨난 산, 강, 바다 등의 환경.

비슷한말 산천

반대말 인공

우리는 산이나 강, 바다 등 스스로 만들어지고 발전하는 자연 속에서 살아가요.
자연환경과 관련 있는 다양한 말과 표현들을 공부해 봐요.

1 다음 뜻을 가진 낱말을 쓰세요.

(1)
저절로 생겨 난 산, 강, 바다 등의 환경.

☐☐

(2)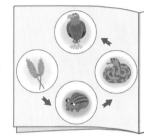
일정한 환경 에서 여러 생물 이 적응하고 관 계를 맺는 세계.

☐☐☐

2 다음 낱말의 알맞은 뜻을 찾아 선으로 이으세요.

(1) 기상 •

• ㉮ 바람, 비, 구름, 눈 등 공기 속에 서 일어나는 현상.

(2) 안개 •

• ㉯ 땅 가까이에 아주 작은 물방울들 이 부옇게 떠 있는 현상.

3 다음 빈칸에 공통으로 들어갈 알맞은 낱말을 쓰세요.

• 오늘 아침 ☐☐ 예보를 보니 비가 많이 내린다고 한다.

• 선장은 ☐☐ 이/가 좋지 않아서 바다에 배를 띄우지 않기로 했다.

• 이곳은 하루에도 여러 번 날씨가 바뀔 정도로 ☐☐ 변화가 심하다.

(   )

4 다음 문장의 내용과 관련 있는 말을 찾아 색칠하세요.

어휘
적용

(1)

오늘 늦은 오후부터 흐리고 비가 내리겠습니다.

공사   기상

(2)

바다는 사람이 만들지 않고 저절로 생겨난 환경이다.

자연   인공

5 다음 낱말과 뜻이 비슷한 낱말을 보기에서 찾아 쓰세요.

어휘
확장

보기

자연, 기상, 생태계

(1) 일기: 그날그날의 기온이나 공기 중의 상태.   — (   )

(2) 산천: 산과 물이 있는 곳을 아울러 이르는 말.   — (   )

(3) 생물계: 생명을 가지고 있는 동물과 식물 등의 세계. — (   )

짝꿍어휘

6 다음 밑줄 친 낱말과 짝을 이루는, 빈칸에 들어갈 알맞은 낱말을 찾아 ○표 하세요.

수민: 예상하지 못한 <u>기상</u> (   )(으)로 비행기가 뜨지 못하고 있대.

성우: 어머나. 그럼 날씨가 좋아질 때까지 기다려야겠네.

(1) 착륙: 비행기 등이 공중에서 땅에 내림.   (   )

(2) 악화: 일이나 상황이 나쁜 방향으로 나아감.   (   )

(3) 순항: 배나 비행기 등이 목적지를 향해 문제없이 나아감. (   )

독해로
어휘 마무리

오늘의
나의 실력은?

최고야 좋았어 힘내자

5주 1일
정답 확인

○ 다음 안내하는 글을 읽고, 물음에 답하세요.

야생화 축제에 놀러오세요!

사람의 발길이 잘 닿지 않는 해발 600미터.

이곳에서 저절로 나고 자란 형형색색의 야생화를 만나 보세요.

등산로를 걷다 보면 야생화뿐만 아니라 다양한 곤충과 식물도 볼 수 있어요.

답답한 도시를 벗어나 맑고 깨끗한 공기와 아름다운 (㉠)을/를 느껴 보세요.

◆ 날짜: 20○○년 6월 1일 ~ 6월 14일
◆ 장소: ◇◇산 등산로
◆ 주의 사항
• **안개**가 많이 낀 날에는 축제가 취소될 수 있어요.
• **기상** 현상이 자주 바뀌므로 두꺼운 옷, 우산 등을 챙기세요.
• **생태계**가 훼손되지 않도록 곤충을 잡거나 식물을 캐지 마세요.
• 축제 기간에는 주차 공간이 부족하니 대중교통을 이용해 주세요.

◆ **해발**: 바닷물의 표면으로부터 잰 육지나 산의 높이. ◆ **형형색색**: 모양과 색깔이 서로 다른 여러 가지.

7 ㉠에 들어갈 알맞은 낱말은 무엇인가요? (   )

① 놀이   ② 교육   ③ 사람
④ 자연   ⑤ 교통

8 야생화 축제에 대해 잘못 이해한 친구는 누구인가요? (   )

① 다솜: 자가용 말고 버스를 타고 가야겠어.
② 지연: 야생화뿐만 아니라 곤충도 볼 수 있구나.
③ 진우: 축제 장소에 갑자기 비가 오기도 하나 봐.
④ 이안: 사람들이 심고 가꾼 꽃들을 보러 오라는 거구나.
⑤ 민국: 안개가 많이 낀 날에는 행사에 참여하지 못할 수도 있겠어.

자연과 관련된 말 ②

✏️ 다음 퍼즐 모양을 보고, 빈칸에 알맞은 낱말을 쓰세요.

풀이 가득해서 가축을 기르기 좋아요.

ㄴ 풀이 나 있는 들판.

비슷한말 풀밭

비가 잘 오지 않고 뜨거운 곳이에요.

ㄴ 비가 아주 적게 내려서 동식물이 거의 살지 않고 모래로 뒤덮인 땅. 비슷한말 모래사막

평평한 땅이어서 농사를 크게 지어요.

ㄴ 땅의 겉면이 평평하고 넓은 들.

비슷한말 들, 평원, 평지 반대말 산지

산이 아주 많아 밭농사를 많이 지어요.

ㄴ 들이 적고 산이 많은 곳.

반대말 평야, 평지

우리가 살고 있는 지구의 땅 모양은 다양해요. 땅 모양에 따라 초원, 사막, 평야, 산지, 고원 등 여러 가지 종류가 있어요. 자연 중 땅과 관련 있는 말을 공부해 봐요.

1 다음 낱말의 뜻을 보기 에서 찾아 기호를 쓰세요.

어휘
확인

보기

> ㉠ 풀이 나 있는 들판.
> ㉡ 넓고 길게 흐르는 큰 물줄기.
> ㉢ 수백 수천 년 동안 쌓인 눈이 얼음덩어리로 변한 것.
> ㉣ 비가 아주 적게 내려서 동식물이 거의 살지 않고 모래로 뒤덮인 땅.

(1) 사막: (   )   (2) 초원: (   )

2 다음 빈칸에 공통으로 들어갈 알맞은 낱말을 찾아 색칠하세요.

어휘
확인

- '산지'는 [   ] 이/가 적고 산이 많은 곳이다.
- '평야'는 땅의 겉면이 평평하고 넓은 [   ] 이다.

| 강 | 들 | 하늘 | 호수 |

3 다음 그림을 보고, 문장에 어울리는 낱말을 (   )에서 찾아 ○표 하세요.

어휘
적용

(1)
무더운 (사막, 초원)에는 물이 없어서 동식물이 거의 살지 못한다.

(2)
할머니의 고향은 (바다, 평야)가 발달하여 농사를 짓는 집이 많았다.

4 다음 보기에서 낱말을 알맞게 사용한 문장을 찾아 기호를 쓰세요.

> **보기**
>
> ㉠ 사진 속의 말은 푸른 초원을 힘껏 달리고 있다.
>
> ㉡ 내일 산지에 가서 파도를 타며 실컷 수영하고 싶다.
>
> ㉢ 사막에는 곧 사라질 위기에 처한 동식물이 많이 산다.

(   )

5 다음 글에서 밑줄 친 낱말과 뜻이 반대인 낱말을 찾아 쓰세요.

> 산지에 있는 마을은 교통이 불편하여 물건을 나르기 어려웠다. 그래서 예로부터 산지에 있는 마을에는 평야보다 사람이 적게 살았다. 하지만 오늘날에는 사람들이 산이 주는 좋은 점을 많이 알게 되면서 산지를 찾는 관광객들이 늘고 있다.

짝꿍어휘

6 다음 보기의 낱말 뜻을 보고, 밑줄 친 낱말을 꾸며 주기에 알맞은 낱말을 (   )에서 찾아 ○표 하세요.

> **보기**
>
> • 좁다란: 폭이나 공간이 매우 좁은.
>
> • 드넓은: 막히는 것이 없이 아주 넓은.

> 아프리카에는 (좁다란, 드넓은) 초원이 펼쳐져 있다. 그래서 사자나 치타와 같은 육식 동물부터 얼룩말이나 기린과 같은 초식 동물까지 다 함께 살고 있다.

독해로
어휘 마무리

오늘의 나의 실력은?
최고야 좋았어 함내자

5주 2일
정답 확인

○ 다음 설명하는 글을 읽고, 물음에 답하세요.

사는 곳에 따라 사람들의 생활 모습은 달라요. 사막, 평야, 산지, 초원에 사는 사람들은 어떻게 생활하는지 알아보아요.

사막은 비가 적게 내리는 곳이에요. 사람들은 뜨거운 열과 모래바람을 막기 위해 창문이 작은 흙집을 지어요. 또 얇은 천으로 온몸을 가려 따가운 햇빛을 막아요.

평야는 넓고 평평한 땅이에요. 사람들은 큰 규모로 농사를 지으며 살아요. 또 공장이나 각종 시설을 세워 일을 해요.

산지는 산이 아주 많은 곳이에요. 사람들은 산을 깎아 논을 만들고, 감자나 옥수수 같은 밭농사를 많이 지어요. 또 버섯을 재배하거나 목재를 생산해요.

초원에는 키가 작은 풀이 가득해요. 초원에 사는 사람들은 풀과 물을 찾아 여기저기 이동하며 가축을 길러요. 그래서 쉽게 짓고 부술 수 있는 천막집을 짓고, 양이나 염소의 젖으로 만든 음식을 주로 먹어요.

✦ **목재:** 집을 짓거나 가구를 만드는 데 쓰는 나무 재료.

7 다음 중 '산지'를 나타낸 사진을 찾아 ○표 하세요.

(1) 　(2) 　(3)

(　　　)　　　(　　　)　　　(　　　)

8 사막에 사는 사람들의 생활 모습으로 알맞은 것을 두 가지 고르세요. (　　,　　)

① 산을 깎아 논을 만든다.
② 창문이 작은 흙집을 짓는다.
③ 공장이나 각종 시설을 세워 일을 한다.
④ 얇은 천으로 온몸을 가려 따가운 햇빛을 막는다.
⑤ 풀과 물을 찾아 여기저기 이동하며 가축을 기른다.

자연과 관련된 말 ③

✏️ 다음 열쇠 모양과 열쇠 구멍을 보고, 빈칸에 알맞은 낱말을 쓰세요.

갯벌

바닷물이 빠졌을 때에 드러나는 넓은 진흙 벌판.

비슷한말 개펄

바닷가

바닷물과 땅이 서로 닿은 곳이나 그 근처.

비슷한말 해변, 해변가, 해안, 해안가

섬

주위가 물로 둘러싸여 물 위에 떠 있는 것처럼 보이는 땅.

비슷한말 도서 반대말 뭍, 육지

폭포

절벽에서 쏟아져 내리는 세찬 물줄기.

비슷한말 폭포수

산에 갔다가 ☐☐ 를 보았다.

나는 아빠가 가리키는 ☐ 을 보았다.

☐☐☐ 모래밭에서 도시락을 먹었다.

바닷물이 빠지면서 ☐☐ 이 드러났다.

자연은 우리가 살아가는 공간을 마련해 주고, 아름다운 경치를 보여 주어요. 그중에서 물과 관련 있는 자연인 갯벌, 바닷가, 섬, 폭포가 무엇인지 자세히 알아보아요.

1 다음 낱말의 뜻에 맞게 빈칸에 들어갈 알맞은 낱말을 **보기**에서 찾아 쓰세요.

어휘
확인

보기
땅, 절벽, 화산, 불길, 물줄기

(1) 바닷가: 바닷물과 ( )이/가 서로 닿은 곳이나 그 근처.

(2) 폭포: ( )에서 쏟아져 내리는 세찬 ( ).

2 다음 중 '갯벌'의 뜻을 바르게 쓴 것을 찾아 ○표 하세요.

어휘
확인

(1) 나무들이 우거지거나 꽉 들어찬 곳.

( )

(2) 바닷물이 빠졌을 때에 드러나는 넓은 진흙 벌판.

( )

(3) 주위가 물로 둘러싸여 물 위에 떠 있는 것처럼 보이는 땅.

( )

3 다음 그림과 문장에 어울리는 낱말을 ( )에서 찾아 ○표 하세요.

어휘
적용

(1)  높이 솟아 있는 바위에서 떨어지는 (폭포 / 폭죽) 소리가 우렁찼다.

(2)  독도는 우리나라 동쪽 끝에 있는 (섬 / 육지)(으)로, 울릉도에서 매우 가깝다.

4 다음 글에서 설명한 '이곳'을 찾아 ○표 하세요.

> 바닷물이 빠져나간 이곳에는 먹이를 찾아 나온 생물들로 바글거려요. 이곳에 물떼새나 도요새가 몰려들면 바지락, 맛조개 등의 작은 생물들은 구멍으로 숨어 버려요.

갯벌

호수

5 다음 낱말과 뜻이 비슷한 낱말을 보기에서 찾아 쓰세요.

보기

개펄, 해변, 도서

(1) 섬 — ☐☐ : 크고 작은 섬.

(2) 바 닷 가 — ☐☐ : 바다와 육지가 맞닿은 곳이나 그 근처.

(3) 갯 벌 — ☐☐ : 바닷물이 빠졌을 때 드러나는 진흙의 평평한 땅.

짝꿍어휘

6 다음 그림에 맞게 주어진 낱말과 짝을 이루는 낱말을 찾아 선으로 이으세요.

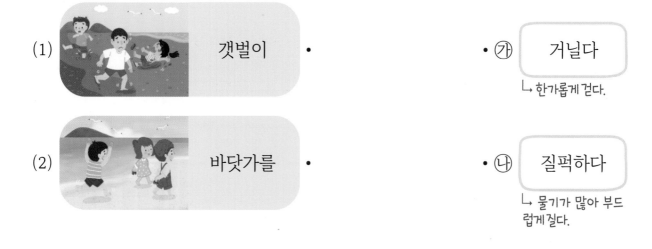

(1) 갯벌이 •

(2) 바닷가를 •

• ㉮ 거닐다
  ↳ 한가롭게 걷다.

• ㉯ 질퍽하다
  ↳ 물기가 많아 부드럽게 질다.

독해로
어휘 마무리

오늘의
나의 실력은?

최고야 좋았어 힘내자

5주 3일
정답 확인

○ 다음 기행문을 읽고, 물음에 답하세요.

> 일요일 새벽, 부모님을 따라 변산으로 여행을 떠났다.
>
> 맨 처음 도착한 곳은 직소 폭포였다. 산길을 쉬지 않고 걷다 보니 ♦굉음을 내며 쏟아지는 ㉠폭포가 보였다. 시원한 물줄기에 땀이 싹 씻기는 듯했다.
>
> 그다음에는 고사포 해수욕장으로 갔다. 바닷물이 조금씩 빠지면서 드넓은 ㉡갯벌이 드러났다. 동생과 나는 갯벌에서 조개도 잡고 작은 게도 잡았다.
>
> "준미야, 저 하섬은 걸어서 갈 수 있단다."
>
> 난 아빠가 가리키는 ㉢섬을 보고 고개를 저으며 말했다.
>
> "섬에 어떻게 걸어가요? 배 타고 가야죠."
>
> 그런데 바닷물이 다 빠지자 놀랍게도 길이 생겼다. 우리는 섬까지 걸어가서 **바닷가** ㉣모래밭에 돗자리를 깔고 도시락을 먹었다. 변산은 참 ♦매력적인 곳이다.
>
> ♦ **굉음:** 아주 요란한 소리.　　　　♦ **매력적인:** 사람의 마음을 강하게 끄는 힘이 있는.

7 ㉠~㉣ 중 다음 밑줄 친 말과 뜻이 반대인 낱말을 찾아 기호를 쓰세요.

> 울릉도에서 <u>육지</u>로 가려면 몇 시간씩 배를 타야 한다.

(　　　　　　　)

8 글쓴이가 다음 일을 한 곳은 어디인지 보기 에서 찾아 쓰세요.

보기

하섬, 직소 폭포, 고사포 해수욕장

(1) 조개와 작은 게를 잡았다.　　(　　　　　)

(2) 쏟아지는 물줄기를 보았다.　　(　　　　　)

(3) 돗자리를 깔고 도시락을 먹었다. (　　　　　)

자연과 관련된 말 ④

✏️ 다음 낱말의 뜻을 보고, 빈칸에 알맞은 낱말을 써넣어 이야기를 완성하세요.

미치다

영향이나 작용 등이 대상에 가해지다. 또는 그것을 가하다.

비슷한말 끼치다, 주다

방지하다

어떤 좋지 않은 일이나 현상이 일어나지 않도록 막다.

비슷한말 막다, 예방하다

보호하다

위험하거나 곤란하지 않게 지키고 보살피다.

비슷한말 돌보다, 보존하다

반대말 방치하다

원인

어떤 일이 일어나게 하는 근본이 된 일이나 사건.

비슷한말 까닭, 이유

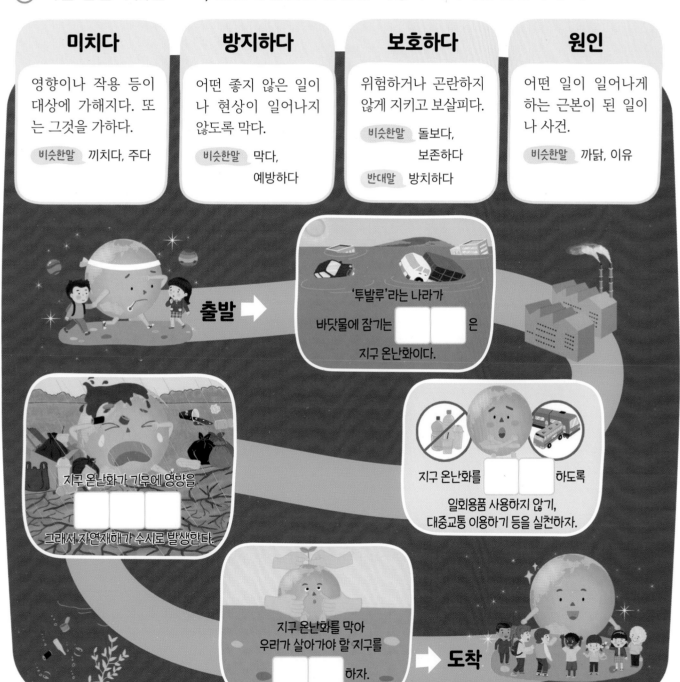

출발 ➡

'투발루'라는 나라가 바닷물에 잠기는 ☐☐ 은 지구 온난화이다.

지구 온난화가 기후에 영향을 ☐☐☐ 그래서 자연재해가 수시로 발생한다.

지구 온난화를 ☐☐ 하도록 일회용품 사용하지 않기, 대중교통 이용하기 등을 실천하자.

지구 온난화를 막아 우리가 살아가야 할 지구를 ☐☐ 하자.

➡ 도착

자연은 우리에게 많은 영향을 미치고 도움을 줘요. 자연을 지키기 위해 우리가 할 일 등을 생각하며 자연 보호와 관련한 말들을 공부해 봐요.

1 다음 낱말의 뜻에 맞게 빈칸에 들어갈 알맞은 말을 두 가지 찾아 ○표 하세요.

어휘 확인

원인: 어떤 일이 일어나게 하는 근본이 된 (　　　).

일	동물	사건	식물

2 다음 뜻을 가진 낱말을 **보기**에서 찾아 쓰세요.

어휘 확인

보기

미치다, 방지하다, 발달하다

(1) 어떤 좋지 않은 일이나 현상이 일어나지 않도록 막다.

(　　　　　)

(2) 영향이나 작용 등이 대상에 가해지다. 또는 그것을 가하다.

(　　　　　)

3 다음 중 빈칸에 '보호하다'가 들어갈 알맞은 문장을 찾아 기호를 쓰세요.

어휘 적용

ㄱ 치과에서 환자가 입을 벌려 (　　　).

ㄴ 우편집배원이 매일 집집마다 우편물을 (　　　).

ㄷ 경찰관은 사회의 질서를 지키고 국민의 안전과 재산을 (　　　).

ㄹ 기자가 방금 들어온 새로운 소식을 방송을 통해 여러 사람에게 (　　　).

(　　　　　)

4 다음 ㉠~㉢ 중 낱말을 <u>잘못</u> 사용한 것을 찾아 기호를 쓰세요.

> 태윤: 반달가슴곰이나 수달이 우리나라에서 완전히 사라질 위기에 놓여 있대.
>
> 연아: 응, 사람들이 동물들을 마구 잡은 것이 ㉠<u>원인</u>이래.
>
> 태윤: 맞아. 또 지나치게 환경을 ㉡<u>방지해서</u> 동물들의 보금자리를 없앴기 때문이야.
>
> 연아: 지금부터라도 멸종 위기에 놓인 동물들을 ㉢<u>보호하기</u> 위해 노력하면 좋겠어.

(   )

5 다음 낱말과 뜻이 비슷한 낱말을 모두 찾아 ○표 하세요.

원인	까닭 결과 방관 이유

짝꿍어휘

6 다음 밑줄 친 낱말과 어울리는 낱말을 **보기** 에서 찾아 빈칸에 쓰세요.

보기

- 밝혀졌다 : 알려졌다.
- 변조됐다 : 다르게 바꿨다.
- 예시 : 예를 들어 보이는 것.
- 영향 : 변화가 생기게 하는 것.

> △△ 마을 사람들이 식중독에 걸렸다. 상한 생선을 함께 먹은 것이 <u>원인</u>으로 (1) [   ]. 식중독은 상한 음식이 우리 몸에 (2) [   ] 을/를 <u>미쳐</u> 배를 아프게 하고, 설사를 일으킨다. 특히 무더운 여름철에 걸리기 쉬우니 조심해야 한다.

독해로
어휘 마무리

오늘의
나의 실력은?   최고야   좋았어   힘내자

5주 4일
정답 확인

○ 다음 주장하는 글을 읽고, 물음에 답하세요.

여러분, 우리나라가 바닷물에 잠겨 버린다면 어떨까요? 상상만 해도 끔찍한 일이 투발루에서는 이미 일어나고 있습니다. 이런 일이 일어나는 **원인**은 지구 온난화 때문입니다.

뜨거워진 지구 때문에 지금처럼 빙하가 녹아 바닷물의 높이가 계속 올라간다면 바닷가 근처에 있는 많은 도시들이 바닷물에 잠기게 됩니다.

지구 온난화는 기후에도 영향을 **미쳐** 폭우와 가뭄, ✦폭염과 한파 같은 ✦자연재해가 수시로 발생하게 됩니다.

이제 우리 모두가 힘을 모아야 할 때입니다. 지구 온난화를 ㉠**방지할** 수 있도록 일회용품 사용 안 하기, 대중교통 이용하기, 분리수거 하기, 전기 아껴 쓰기 등을 철저히 실천해야 합니다.

여러분, 지구 온난화를 막아 우리가 살아가야 할 지구를 ㉡**보호합시다**!

✦ **폭염:** 아주 심한 더위.
✦ **자연재해:** 태풍, 가뭄, 홍수, 지진, 화산 폭발 등의 피할 수 없는 자연 현상으로 인해 받게 되는 피해.

7 ㉠~㉡과 뜻이 비슷한 낱말을 보기에서 각각 찾아 쓰세요.

> **보기**
>
> 막다, 건설하다, 파괴하다, 보존하다

(1) ㉠: (   )   (2) ㉡: (   )

8 글쓴이가 이 글을 쓴 까닭으로 알맞은 것을 찾아 ○표 하세요.

(1) 지구 온난화가 일어나는 원인을 공부하려고   (   )

(2) 투발루가 바닷물에 잠기는 속도를 알려 주려고   (   )

(3) 지구 온난화를 막아 지구를 보호하자고 주장하려고   (   )

자연과 관련된 말

✏️ 다음 뜻에 알맞은 낱말을 가로, 세로로 찾아 선으로 연결하세요.

멸	온	천	새	우	미	치	다	하
종	기	상	알	생	일	갯	벌	번
나	들	이	우	태	으	목	원	데
생	활	초	주	계	키	평	야	기
폭	우	원	위	치	다	절	소	거
포	기	운	동	섬	하	약	원	인
줄	자	사	막	칠	거	름	철	새

💬 **낱말 뜻**

1 풀이 나 있는 들판.
2 땅의 겉면이 평평하고 넓은 들.
3 절벽에서 쏟아져 내리는 세찬 물줄기.
4 바닷물이 빠졌을 때에 드러나는 넓은 진흙 벌판.
5 바람, 비, 구름, 눈 등 공기 속에서 일어나는 현상.
6 어떤 일이 일어나게 하는 근본이 된 일이나 사건.
7 주위가 물로 둘러싸여 물 위에 떠 있는 것처럼 보이는 땅.
8 영향이나 작용 등이 대상에 가해지다. 또는 그것을 가하다.
9 일정한 환경에서 여러 생물들이 적응하고 관계를 맺는 세계.
10 비가 아주 적게 내려서 동식물이 거의 살지 않고 모래로 뒤덮인 땅.

1 다음 밑줄 친 뜻을 가진 낱말을 찾아 ○표 하세요.

> 겨울이 오면 식물들이 얼어 죽지 않도록 <u>지키고 보살펴요</u>. 도로 근처의 화단에는 방풍막을 설치하여 찬 바람을 막아 주고, 나무에는 볏짚을 둘러 나무를 따뜻하게 하고 해충을 제거해 주어요.

| 손놓다 | 빠듯하다 | 방치하다 | 보호하다 |

2 다음 주어진 글자를 조합하여 밑줄 친 낱말과 뜻이 비슷한 낱말을 완성하여 쓰세요.

> 여름철이 되면 햇볕이 강하게 내리쬐고, 무척 더워져요. 그래서 사람들은 계곡이나 <u>바닷가</u>로 놀러 가지요. 물속에서 첨벙첨벙 물장난 치며 수영도 하고, 시원한 과일을 먹으며 더위를 잊어요.

가 해 변 ➡ ☐ ☐ ☐

3 다음 글에서 밑줄 친 낱말과 뜻이 반대인 낱말은 무엇인가요? (　　　　)

> 에너지 낭비는 <u>자연</u>이 오염되는 원인 중 하나예요. 에너지는 석유나 석탄 등을 태워서 만드는데, 이때 환경에 해로운 물질이 많이 나와요. 에너지를 낭비하지 않도록 사용하지 않는 전등은 끄고, 꼭 필요한 것이 있을 때에만 냉장고 문을 열어요. 그러면 산과 바다와 같은 자연을 보호할 수 있어요.

① 기상　　　　② 허공　　　　③ 산천
④ 하늘　　　　⑤ 인공

4 다음 글의 (⎯) 에 들어갈 알맞은 낱말을 찾아 색칠하세요.

나무가 우거진 높은 ｜사막｜산지｜바닷가｜에 가면 나무 사이를 쪼르르 달려가는 다람쥐를 볼 수 있어요. 다람쥐는 겨울이 오면 땅속 굴이나 바위 구멍에서 몸을 웅크리고 겨울잠을 자요. 자다가 배가 고프면 일어나서 먹이를 먹고 다시 잠을 자지요.

5 다음 글에서 주로 설명한 것은 무엇인가요? (   )

밤에 기온이 내려가면 공기 중에 있던 수증기가 뭉쳐서 아주 작은 물방울로 변해요. 이 물방울들이 땅 가까이에 깔리는 현상이 안개예요. 주로 일교차가 큰 봄이나 늦가을에 많이 생겨요.

① 안개의 종류
② 봄과 늦가을의 날씨
③ 안개가 생기는 까닭
④ 얼음과 수증기의 차이점
⑤ 안개가 생겼을 때 주의할 점

6 다음 보기 의 낱말을 모두 사용한 글을 완성하여 쓰세요.

보기
섬, 자연

우리는 육지에서 한 시간 넘게 배를 타고 ✎_____에 들어갔다.
배에서 내리자 눈앞에 아름다운 ✎_____ 풍경이 펼쳐졌다.

한 걸음 더!

○ 다음 뜻에 알맞은 속담을 **보기**에서 찾아 빈칸에 쓰세요.

보기

산 넘어 산이다, 윗물이 맑아야 아랫물이 맑다,
벼 이삭은 익을수록 고개를 숙인다, 가지 많은 나무에 바람 잘 날이 없다

✎ [   ]

아는 것이 많은 사람일수록 겸손하고
남 앞에서 자신을 자랑하지 않는다.

 잘난 척하지 말고 들판의 저 벼가 익을수록 고개 숙이듯, 겸손하면 좋을 텐데…….

✎ [   ]

윗사람이 잘하면 아랫사람도
따라서 잘하게 된다.

엄마가 예의를 잘 지키니 딸도 예의 바르게 인사하는군요.

✎ [   ]

갈수록 더욱 어려운 지경에
처하게 된다.

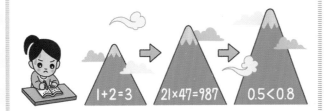

덧셈을 할 수 있다고 좋아했더니 수학은 점점 더 어려워져요.

✎ [   ]

자식을 많이 둔 부모는
걱정이 끊이지 않는다.

나뭇잎이 많은 나무가 바람에 흔들리면 조용하지 않듯이 자식이 많을수록 걱정할 거리가 많은 법이지요.

공동체와 관련된 말 ①

✏️ 다음 상황에 어울리는 낱말을 사다리를 타고 내려가 빈칸에 쓰세요.

나눔 행사

여러 사람이 생활용품을 내놓았어요.

이 돈은 어려운 이웃을 돕는 데 사용될 예정이에요.

우리 사회는 모두가 함께 살아가요.

이웃 사람들의 따뜻한 마음을 느껴요.

인심	지원하다	기부하다	공동체
□□	□□□□	□□□□	□□□

인심

불쌍한 사람을 살피고 도와주는 마음.

비슷한말 동정심, 인정

지원하다

물질이나 행동으로 돕다.

비슷한말 돕다, 뒷받침하다, 밀다

기부하다

다른 사람을 돕기 위해 돈이나 물건을 대가 없이 내놓다.

비슷한말 기증하다, 내놓다

공동체

생활이나 행동, 목적 등을 같이하는 집단.

비슷한말 단체, 집단

반대말 개인

사람들은 공동체를 이루며 서로 도우면서 살아가요. 공동체를 이루는 사람들은 공동의 문제를 함께 해결하고, 다른 사람의 입장을 헤아리며 배려하는 자세를 가져야 해요. 공동체가 하는 일과 관련한 다양한 말을 공부해 봐요.

1 다음 낱말의 알맞은 뜻을 찾아 선으로 이으세요.

어휘 확인

(1) 인심 •

(2) 공동체 •

(3) 기부하다 •

• ㉮ 생활이나 행동, 목적 등을 같이하는 집단.

• ㉯ 불쌍한 사람을 살피고 도와주는 마음.

• ㉰ 다른 사람을 돕기 위해 돈이나 물건을 대가 없이 내놓다.

2 다음 낱말의 뜻에 맞게 ( )에 들어갈 알맞은 낱말을 찾아 ○표 하세요.

어휘 확인

지원하다 —— 물질이나 행동으로 (돕다, 괴롭히다, 방해하다).

3 다음 중 밑줄 친 낱말을 알맞게 사용하여 말한 친구의 말풍선에 색칠하세요.

어휘 적용

공동체는 어떤 단체를 이루는 한 사람이야.

남을 잘 돕는 모습을 보니, 인심이 없는 사람이네.

학교에서 성적이 우수한 학생에게 장학금을 지원했어.

4 다음 문장의 밑줄 친 부분과 뜻이 통하는 낱말을 찾아 색칠하세요.

어휘
적용

(1)

엄마는 <u>혼자 사시는 할머니를 돕는 마음</u>이 넉넉하다.

소심   인심

(2)

성탄절을 맞아 <u>어려운 사람에게 도움을 주고 싶어 돈을 냈다.</u>

기부하다   판매하다

5 다음 보기 에서 뜻이 비슷한 낱말끼리 짝 지어지지 <u>않은</u> 것을 찾아 기호를 쓰세요.

어휘
확장

━━━ 보기 ━━━

㉠ 인심 – 인정

㉡ 공동체 – 집단

㉢ 지원하다 – 버리다

㉣ 기부하다 – 기증하다

(   )

짝꿍어휘

6 다음 ㉠~㉡에 들어갈, 밑줄 친 낱말과 짝을 이루는 낱말을 찾아 선으로 이으세요.

(1) <u>인심</u>이 (㉠) 자리를 양보하는 사람이 없었다.

•

• ㉮ 재산

└ 가지고 있는 돈이나 돈으로 바꿀 수 있는 것.

(2) 불우한 이웃을 위해 평생 모은 (㉡)을/를 <u>기부했다</u>.

•

• ㉯ 각박해서

└ 인정이 없고 모질어서.

독해로
어휘 마무리

오늘의
나의 실력은?   최고야   좋았어   힘내자

6주 1일
정답 확인

○ 다음 신문 기사를 읽고, 물음에 답하세요.

| 대한 어린이 신문 | 20○○년 5월 2일 금요일

　　5월 2일, 미래엔 초등학교 운동장에서 '이웃 사랑 나눔 행사'가 열렸다. 사랑 마을 주민들이 행사에 함께 참여하여 즐거운 시간을 보냈다. 이번 행사는 두 구역으로 나뉘어 진행됐다.

　　1구역에서는 아이들에게 솜사탕을 무료로 나누어 주고, 여러 지역에서 **기부한** 생활용품을 싸게 판매했다. 여기서 번 돈은 어려운 이웃을 ㉠<u>지원하는</u> 데 사용될 예정이다.

　　2구역에서는 잔치를 열어 어르신들께 맛있는 음식을 대접했다. 또, 미래엔 초등학교 학생들은 한 달 간 준비한 노래와 춤을 어르신들 앞에서 멋지게 선보였다.

　　이 행사를 준비한 김수영 씨는 "우리 사회는 모두가 함께 살아가는 **공동체**입니다. 이번 행사를 통해 이웃의 따뜻한 **인심**을 느꼈으면 좋겠습니다."라고 말했다.

◆ **선보였다:** 물건이나 사람 등이 처음 모습을 드러냈다.

7 ㉠에 쓰인 '지원하다'와 뜻이 비슷한 낱말은 무엇인가요? (　　　　)

① 팔다　　　　　　② 빼앗다　　　　　　③ 내놓다
④ 시험하다　　　　⑤ 뒷받침하다

8 '이웃 사랑 나눔 행사' 날에 한 일이 <u>아닌</u> 것은 무엇인가요? (　　　　)

① 학생들이 노래와 춤을 선보였다.
② 어르신들께 맛있는 음식을 대접했다.
③ 어려운 이웃에게 돈을 나누어 주었다.
④ 아이들에게 솜사탕을 무료로 나누어 주었다.
⑤ 여러 지역에서 기부한 생활용품을 싸게 판매했다.

공동체와 관련된 말 ❷

✏️ 다음 퍼즐 모양을 보고, 빈칸에 알맞은 낱말을 쓰세요.

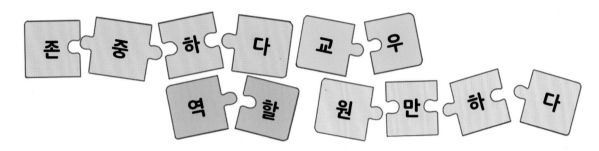

존 중 하 다 교 우
역 할 원 만 하 다

친구의 생각을 소중하게 생각해요.

ㄴ 높이어 귀중하게 대하다.

비슷한말 귀중하다, 귀하다, 높이다, 받들다

반대말 무시하다, 업신여기다

반 친구와 사이좋게 지내는 방법을 말해요.

교우와 사이좋게 지내는 방법

ㄴ 친구를 사귐. 또는 사귀는 친구.

비슷한말 교제, 벗, 친구

자기가 맡은 일을 성실하게 해요.

학급 문고

ㄴ 맡은 일. 또는 해야 하는 일.

비슷한말 노릇, 임무

거친 말을 해서 미안해. 기분 나빴지?

괜찮아. 앞으로 고운 말만 주고받자.

친구들과 사이좋게 지내요.

ㄴ 서로 사이가 좋다.

비슷한말 사이좋다, 친하다, 친근하다

공동체의 종류는 다양해요. 부모와 자녀로 이루어진 가정이나 또래 친구들이 모여 교육받는 학교 모두 공동체랍니다. 그중에서 학교에서 만나는 사람들은 어떻게 대해야 할지 생각하며 공부해 보아요.

1 다음 낱말의 뜻에 맞게 빈칸에 들어갈 알맞은 낱말을 보기 에서 찾아 쓰세요.

보기

친구, 일, 좋다

(1) 원만하다: 서로 사이가 (　　　　　　　　).

(2) 역할: 맡은 일. 또는 해야 하는 (　　　　　　　　).

(3) 교우: 친구를 사귐. 또는 사귀는 (　　　　　　　　).

2 다음 밑줄 친 낱말의 뜻으로 알맞은 것을 찾아 ○표 하세요.

부모님과 대화할 때, 부모님은 내 눈을 바라보며 나를 <u>존중해 주신다</u>.

(1) 대수롭지 아니하다. 　　　　　　　　(　　　)

(2) 높이어 귀중하게 대하다. 　　　　　　(　　　)

(3) 어떤 일을 빨리 하도록 조르다. 　　　　(　　　)

(4) 조심하거나 하지 않도록 미리 주의를 주다. (　　　)

3 다음 낱말이 들어갈 문장을 찾아 선으로 이으세요.

(1) 역할 ・

・㉮ 이번 주 너의 (　　　　)은/는 교실 청소야.

(2) 교우 ・

・㉯ 너는 (　　　　) 관계가 좋아서 다른 반에도 아는 친구가 많구나!

4 다음 문장의 밑줄 친 부분과 뜻이 통하는 낱말을 찾아 ○표 하세요.

어휘
적용

(1) 예진이는 친구와 <u>사이좋게 지내려고</u> 매일 십 분씩 대화를 나눈다.

원만하다

솔직하다

(2) 현빈이는 항상 동생의 생각을 귀담아듣고, 동생을 <u>귀하게 여긴다</u>.

화려하다

존중하다

5 다음 중 뜻이 서로 비슷한 낱말끼리 선으로 이으세요.

어휘
확장

(1) 교우 •

(2) 역할 •

(3) 존중하다 •

• ㉮ 임무: 맡은 일. 또는 맡겨진 일.

• ㉯ 받들다: 공경하여 모시다. 또는 소중히 대하다.

• ㉰ 벗: 비슷한 또래로서 서로 친하게 사귀는 사람.

짝꿍어휘

6 다음 밑줄 친 낱말과 짝을 이루는 낱말을 (   )에서 찾아 ○표 하세요.

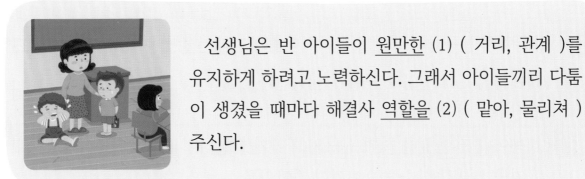

선생님은 반 아이들이 <u>원만한</u> (1) (거리, 관계)를 유지하게 하려고 노력하신다. 그래서 아이들끼리 다툼이 생겼을 때마다 해결사 <u>역할을</u> (2) (맡아, 물리쳐) 주신다.

독해로
어휘 마무리

오늘의
나의 실력은?

최고야 좋았어 함내자

6주 2일
정답 확인

○ 다음 학급 토의 내용을 읽고, 물음에 답하세요.

> 사회자: 지금부터 우리 반 **교우**와 사이좋게 지내는 방법에 대해 ◆토의를 하겠습니다. 여러분의 의견을 자유롭게 말해 주세요.
>
> 주하늘: 친구의 생각을 ㉠<u>존중해야</u> 합니다. 내 생각만 옳다고 고집을 부리거나 친구의 말을 ◆무시하면 친구의 기분이 상할 수 있습니다.
>
> 김가을: 친구에게 고운 말을 사용해야 합니다. 친구에게 욕이나 거친 말을 하면 다투기 쉬우니 언어 예절에 맞는 말을 사용하여 **원만하게** 지냅시다.
>
> 최다솜: 자기가 맡은 **역할**을 성실하게 해야 합니다. 예전에 친구와 학급 도서 정리를 맡았는데, 친구가 놀기만 해서 힘든 적이 있습니다. 그다음부터는 그 친구를 멀리하게 되었습니다.
>
> 한가희: 친구와의 약속을 잘 지켜야 합니다. 약속을 지키지 않으면 친구를 믿을 수 없게 됩니다.
>
> ◆ **토의**: 어떤 문제를 해결하기 위해 여럿이 함께 의논하는 것.
> ◆ **무시하면**: 다른 사람을 얕보거나 하찮게 여기면.

7 ㉠에 쓰인 '존중하다'와 뜻이 반대인 말을 보기에서 두 가지 찾아 쓰세요.

> ──── 보기 ────
> 높이다, 무시하다, 성실하다, 업신여기다

(   ), (   )

8 이 글에서 친구들이 말한, 교우와 사이좋게 지내는 방법을 두 가지 찾아 ○표 하세요.

(1) 내가 맡은 역할을 친구에게 떠넘긴다.   (   )

(2) 친구와 한 약속을 잊지 않고 잘 지킨다.   (   )

(3) 욕이나 거친 말을 하며 친구와 이야기를 한다.   (   )

(4) 친구의 생각을 소중히 여기며 이야기를 듣는다.   (   )

공동체와 관련된 말 ❸

✏️ 다음 열쇠 모양과 열쇠 구멍을 보고, 빈칸에 알맞은 낱말을 쓰세요.

공공

국가나 사회의 모든 사람에게 두루 관계되는 것.

비슷한말 공동

동네

사람들이 생활하는 여러 집이 모여 있는 곳.

비슷한말 마을, 고장

배려

도와주거나 보살펴 주려고 마음을 씀.

비슷한말 생각

이웃

가까이 사는 집. 또는 그런 사람.

비슷한말 이웃집, 앞뒷집

☐☐ 은
개인이 아닌 여러 사람과 관련
있는 것이에요.

공공 기관은 질서를 지키고,
서로 ☐☐ 하며
이용해요.

공공 기관은
☐☐ 의
중심에 있어요.

공공 기관은
여러 ☐☐ 의
생활을 도와주어요.

동네는 사람들이 모여 사는 곳이에요. 우리가 살고 있는 동네에는 여러 공공 기관도 있고, 가게들도 있어요. 그리고 함께 사는 이웃들도 있지요. 동네 이웃들과 관련 있는 말을 알아봐요.

1 다음 낱말의 뜻에 맞게 ( )에서 알맞은 말을 찾아 ○표 하세요.

어휘
확인

(1) 배려: 도와주거나 (보살펴 / 가르쳐) 주려고 마음을 씀.

(2) 동네: 사람들이 생활하는 여러 집이 (모여 / 흩어져) 있는 곳.

(3) 공공: 국가나 사회의 모든 사람에게 두루 (관계없는 / 관계되는) 것.

2 다음 중 '이웃'의 뜻이 바르게 쓰여 있는 바람개비를 찾아 ○표 하세요.

어휘
확인

뛰어난 사람.

남자 형제와
여자 형제.

가까이 사는 집.
또는 그런 사람.

3 다음 빈칸에 공통으로 들어갈 알맞은 낱말을 쓰세요.

어휘
적용

• 민지 집이 이사 간다는 소문이 ☐☐ 에 퍼졌다.

• 서현이는 인사를 잘해서 ☐☐ 어른들께 칭찬을 자주 듣는다.

• 엄마는 저녁 식사 후 소화를 시키려고 ☐☐ 을/를 산책하셨다.

( )

4 다음 문장의 밑줄 친 부분과 뜻이 통하는 낱말을 찾아 색칠하세요.

어휘
적용

도로나 터널은 국가가 만든 것입니다. <u>여러 사람이 쉽고 편리하게 이용하기 위해 만든 시설</u>입니다.

| 공기 | 공격 | 공공 | 공해 |

5 다음 중 뜻이 서로 비슷한 낱말끼리 짝 지어진 것을 찾아 ○표 하세요.

어휘
확장

(1)

배려 ─ 손해

(　　　　)

(2)

이웃 ─ 외부

(　　　　)

(3)

동네 ─ 마을

(　　　　)

짝꿍어휘
6 다음 밑줄 친 낱말과 짝을 이루는 낱말을 보기에서 찾아 빈칸에 쓰세요.

━━ 보기 ━━

• 노약자: 늙거나 약한 사람.
• 강자: 힘이나 세력이 강한 사람.

➡ 버스나 지하철을 타면 (　　　　　　　)을/를 <u>배려</u>하기 위해 만든 자리가 있다.

독해로
어휘 마무리

오늘의
나의 실력은?
 최고야 좋았어 함내자

6주 3일
정답 확인

○ 다음 설명하는 글을 읽고, 물음에 답하세요.

> ㉠**공공**이란, 개인이 아닌 여러 사람과 관련 있는 것을 말해요. 따라서 공공 기관은 여러 ㉡**이웃**의 생활을 도와주기 위해 만든 곳이지요. 그래서 사람들이 쉽게 찾아올 수 있도록 ㉢**동네**의 중심지에 자리 잡고 있어요.
>
> 공공 기관에는 소방서, 경찰서, 우체국, 보건소, 도서관 등이 있어요. 소방서는 불을 끄거나 위급한 사람을 구조해요. 경찰서는 사람들이 안전하게 살 수 있도록 도와주어요. 우체국은 우편물을 전해 주고, 은행처럼 돈을 맡아 주거나 빌려주어요. 보건소는 아픈 사람을 치료해 주고, 예방 접종도 해요. 도서관은 사람들에게 책을 빌려주어요. 이 중에서 우체국이나 보건소, 도서관 등은 많은 주민이 방문해 복잡해요. 따라서 우리는 공공 기관을 이용할 때 질서를 지키고, 서로 ㉣**배려**해야 해요.
>
> ✦ **중심지:** 어떤 일이나 활동의 중심이 되는 곳.

7 ㉠~㉣ 중 다음 밑줄 친 말과 뜻이 비슷한말을 찾아 기호를 쓰세요.

> 주민들이 주차 문제와 같은 <u>공동</u>의 문제로 어려움을 겪고 있다.

(   )

8 다음 공공 기관에서 하는 일을 찾아 선으로 이으세요.

(1) 소방서 •　　　　• ㉮ 예방 접종을 한다.

(2) 우체국 •　　　　• ㉯ 우편물을 전해 준다.

(3) 보건소 •　　　　• ㉰ 위급한 사람을 구조한다.

6주 4일 공동체와 관련된 말 ④

✏️ 다음 낱말의 뜻을 보고, 빈칸에 알맞은 낱말을 써넣어 이야기를 완성하세요.

교류하다

사람들이 물건이나 생각·활동 등을 주고받다.

비슷한말 주고받다

지방

일정한 기준이나 어떤 특징에 따라 나눈 땅.

비슷한말 고장, 지역

친선

서로 친하고 가까워 사이가 좋음.

비슷한말 친목, 자매

협력하다

힘을 합하여 서로 돕다.

비슷한말 돕다, 손잡다, 협동하다

시장

출발 ←

남쪽 ☐☐ 에 위치한 정다운 마을에서는 싱싱한 농산물이 난다.

사람들이 모내기를 하기 위해 힘을 모아 ☐☐☐☐.

오 년 전부터 진달래 아파트와 정다운 마을이 ☐☐ 관계를 맺었다.

과일 수산

싱싱 장터

도착 ←

싱싱 장터

진달래 아파트와 정다운 마을이 물건을 ☐☐☐☐.

생활에 필요한 물건을 모두 자기가 사는 지역에서 만들어 낼 수는 없어요. 그래서 다른 지역과 교류하며 서로 필요한 물건이나 문화 등을 주고받는답니다.

1 다음 뜻을 가진 낱말이 되도록 글자판에서 알맞은 글자를 찾아 빈칸에 쓰세요.

어휘
확인

| 친 | 교 | 협 | 여 | 류 | 력 | 름 | 선 | 방 | 학 |

(1) 힘을 합하여 서로 돕다.

| | | 하 | 다 |

(2) 서로 친하고 가까워 사이가 좋음.

| | |

(3) 사람들이 물건이나 생각·활동 등을 주고받다.

| | | 하 | 다 |

2 다음 낱말의 뜻으로 알맞은 것을 찾아 ○표 하세요.

어휘
확인

지방

(1) 한 나라의 중앙 정부가 있는 도시.　　　　(　　)

(2) 일정한 기준이나 어떤 특징에 따라 나눈 땅. (　　)

3 다음 그림과 문장에 어울리는 낱말을 보기 에서 찾아 빈칸에 쓰세요.

어휘
적용

보기

교류, 협력

(1)  선수들이 (　　　　　　　)하여 줄다리기를 하고 있다.

(2) 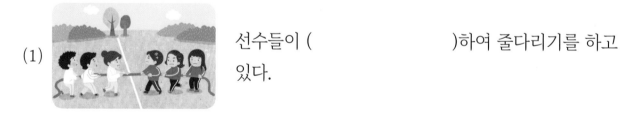 요즘에는 시간과 장소에 관계없이 여러 지역이 서로 물품을 (　　　　　　　)한다.

4 다음 문장에 어울리는 낱말을 ( )에서 찾아 ○표 하세요.

어휘
적용

(1) 서울은 우리나라의 가운데에 위치한 도시로, 중부 (지하, 지방)에 속한다.

(2) 우리 학교와 이웃 학교는 (친선, 갈등)을 다지려고 매년 축제를 함께 열고 있다.

5 다음 밑줄 친 부분과 바꾸어 쓸 수 있는 낱말을 찾아 색칠하세요.

어휘
확장

(1)

한국은 예로부터 중국 및 일본과 문화를 <u>교류해</u> 왔다.

| 교체해 | 솟아나 | 밑돌아 | 주고받아 |

(2)

친구들과 <u>협력하여</u> 어려운 문제를 쉽고 빠르게 해결했다.

| 밀집하며 | 놓아두어 | 협동하여 | 시기하여 |

짝꿍어휘

6 다음 밑줄 친 낱말과 짝을 이루는 낱말을 보기 에서 찾아 빈칸에 쓰세요.

보기

• 도전한다: 정면으로 맞서서 싸움을 건다.

• 도모한다: 어떤 일을 이루기 위해 대책이나 방법을 세운다.

우리는 올림픽 경기를 통해 세계의 여러 나라와 <u>친선</u>을 ( ).

독해로
어휘 마무리

오늘의
나의 실력은?

최고야   좋았어   힘내자

6주 4일
정답 확인

○ 다음 초대하는 글을 읽고, 물음에 답하세요.

안녕하세요, 어린이 여러분. 저는 개나리 초등학교에 다니는 강다연입니다.

내일은 진달래 아파트에서 싱싱 장터가 열리는 날입니다. 싱싱 장터는 남쪽 **지방**에 위치한 정다운 마을에서 나는 싱싱한 농산물을 살 수 있는 곳이에요.

왜 싱싱 장터가 열리게 되었냐고요? 진달래 아파트와 정다운 마을이 ⟨ ㉠ ⟩ 관계를 맺었기 때문이에요.

진달래 아파트와 정다운 마을은 오 년 전부터 적극적으로 **교류하고** 있어요. 진달래 아파트 주민들은 바쁜 농사철이 되면 정다운 마을에 가서 일손을 거들어 줘요. 지난봄에는 진달래 아파트 주민들과 정다운 마을 사람들이 **협력하여** 모내기를 했어요. 그리고 진달래 아파트에서는 한 달에 한 번씩 싱싱 장터를 열어 정다운 마을의 품질 좋은 농산물을 싼값에 제공하고 있습니다.

여러분, 싱싱 장터에 오셔서 달콤하고 맛있는 정다운 마을의 과일도 맛보고 싱싱한 곡식도 구경하세요.

◆**품질:** 물건의 성질과 바탕.   ◆**제공하고:** 무엇을 내주거나 갖다 바치고.

7 ㉠에 들어갈 말로 알맞은 것을 두 가지 고르세요. (,   )

① 경쟁   ② 제철   ③ 친선
④ 친목   ⑤ 고장

8 글쓴이가 이 글을 쓴 까닭을 찾아 ○표 하세요.

(1) 읽는 이에게 싱싱 장터에 오라고 말하려고   (   )

(2) 읽는 이에게 정다운 마을을 돕는 방법을 알려 주려고   (   )

(3) 읽는 이에게 진달래 아파트가 다른 나라와 교류하는 까닭을 알려 주려고

(   )

공동체와 관련된 말

✏️ 다음 낱말의 뜻풀이를 보고, 십자말풀이를 완성하세요.

➡️ **가로**

1 국가나 사회의 모든 사람에게 두루 관계되는 것.

2 친구를 사귐. 또는 사귀는 친구.

3 힘을 합하여 서로 돕다.

4 다른 사람을 돕기 위해 돈이나 물건을 대가 없이 내놓다.

5 도와주거나 보살펴 주려고 마음을 씀.

⬇️ **세로**

1 생활이나 행동, 목적 등을 같이하는 집단.

2 서로 사이가 좋다.

3 사람들이 생활하는 여러 집이 모여 있는 곳.

4 일정한 기준이나 어떤 특징에 따라 나눈 땅.

5 맡은 일. 또는 해야 하는 일.

1 다음 밑줄 친 뜻을 가진 낱말은 무엇인가요? (   )

> 김 할머니가 평생 모은 재산을 교육 단체에 내놓았다. 김 할머니는 자신이 기부한 돈으로 가난한 학생들을 <u>도와주기</u>를 바랐다.

① 지원하기   ② 약속하기   ③ 관찰하기
④ 결정하기   ⑤ 부족하기

2 다음 밑줄 친 낱말과 뜻이 비슷한 낱말을 찾아 색칠하세요.

> 우리 주변에는 정말 다양한 가족이 살아간다. 확대 가족, 한부모 가족, 입양 가족, 다문화 가족, 조손 가족 등이다. 다양한 가족을 대할 때, 나의 가족과 다른 모습이라도 서로 배려하며 <u>존중해야</u> 한다.

| 둘러싸야 | 분명해야 | 높여야 | 무시해야 |

3 다음 ㉠~㉣ 중 밑줄 친 '공동체'와 뜻이 반대인 낱말을 찾아 기호를 쓰세요.

> 하영: 엄마, 우리 ㉠<u>조상</u>들은 어려운 일이 있을 때 서로 돕기 위해서 '두레'라는 ㉡<u>조직</u>을 만들었대요.
> 엄마: 맞아. 조상들은 ㉢<u>개인</u>보다는 공동체 모두가 함께한다는 생각을 가지고 살았기 때문이야. '두레'는 농사일과 같이 일손이 많이 필요할 때 함께 일하고, 마을의 ㉣<u>질서</u>를 지키는 일도 했단다.

(   )

4 다음 글의 빈칸에 들어갈 알맞은 말은 무엇인가요? (   )

> 지수는 하루 동안 여러 [   ]을/를 만났다. 아침에 교통 안내를 해 주시는 아주머니와 소방관 아저씨를 만났다. 낮에는 분리배출을 도와주시는 경비 아저씨를 만났고, 저녁에는 엘리베이터에서 위층 할머니를 만나 인사했다.

① 친구   ② 친척   ③ 이웃
④ 아저씨   ⑤ 선생님

5 다음 이야기를 읽은 생각으로 알맞은 것을 찾아 ○표 하세요.

> 할아버지 밭에 엄청나게 큰 무가 자랐어요. 할아버지는 혼자 무를 뽑을 수 없어 할머니를 불러 무를 잡아당겼어요. 하지만 무는 꼼짝하지 않았어요. 지나가던 아저씨도 힘을 보탰지만 무는 아주 조금 뽑혔어요. 주변에 있던 강아지, 고양이까지 함께 무를 잡아당기자 마침내 커다란 무가 쑥 뽑혔어요.

(1) 어려운 일도 여럿이 협력하면 해낼 수 있어.

(2) 할아버지는 사람들과 친선 관계를 맺어야 해.

(3) 할아버지는 무를 뽑을 때 아무 역할을 못 했어.

6 다음 보기의 낱말을 모두 사용한 글을 완성하여 쓰세요.

보기
> 배려, 인심

민하는 ✏_____이/가 좋아서 어려움에 처한 친구들을 잘 도와준다. 얼마 전에도 전학 온 친구가 학교생활에 잘 적응할 수 있도록 여러 가지로 ✏_____을/를 해 주었다.

한 걸음 더!

오늘의
나의 실력은?

최고야 좋았어 함내자

o 다음 뜻에 알맞은 속담을 **보기**에서 찾아 빈칸에 쓰세요.

보기

가재는 게 편, 두 손뼉이 맞아야 소리가 난다,

바늘 가는 데 실 간다, 백지 한 장도 맞들면 낫다

모양이나 형편이 서로 비슷한 사람끼리
잘 어울린다.

같은 학교 친구를 편들어 주는 것을 보니 정말 가재
와 게는 한 편이군요!

쉬운 일이라도 협력하면
훨씬 쉽다.

혼자 드는 것보다 친구들과 함께 드니까 책상이
훨씬 가볍지요?

사람의 긴밀한 관계를
빗대어 이르는 말.

아침저녁으로 같이 다니는 걸 보니 저 둘은 정말 친
한 사이 같아요!

서로 뜻이 맞아야
이루어질 수 있다.

한 사람이 줄을 돌리면 소용없어요. 두 사람이 함
께 줄을 돌려야 줄이 돌아가지요.

우리 문화와 관련된 말 ❶

✏️ 다음 상황에 어울리는 낱말을 사다리를 타고 내려가 빈칸에 쓰세요.

민속촌에 가서 옛날 생활 방식을 체험했어요.

자연 재료로 염색해 보며 옛사람들의 지혜를 배웠어요.

항아리는 음식을 오래 두고 맛있게 먹을 수 있게 해요.

옛날 사람들은 초가집에서 살았어요.

보존
⬜⬜

중요한 것을 잘 보호하여 그대로 남김.

비슷한말 보호, 보전

슬기
⬜⬜

어떤 일을 바르게 판단하고 일을 잘 처리하는 재능.

비슷한말 지혜

문화
⬜⬜

사람들이 함께 생활하면서 만들어지고 전해지는 생활 방식.

비슷한말 풍습

조상
⬜⬜

자신이 살고 있는 세대 이전의 모든 세대.

비슷한말 선조

반대말 자손, 후손

불고기와 같은 음식, 윷놀이와 같은 놀이, 한복과 같은 옷 등은 모두 조상들이 우리에게 물려준 소중한 문화예요. 우리 문화와 관련된 여러 가지 말을 알아보아요.

1 다음 뜻을 가진 낱말이 되도록 글자판에서 알맞은 글자를 찾아 쓰세요.

어휘
확인

| 수 | 달 | 슬 | 구 | 기 | 국 | 문 | 하 | 루 | 화 |

(1) 어떤 일을 바르게 판단하고 일을 잘 처리하는 재능.

(2) 사람들이 함께 생활하면서 만들어지고 전해지는 생활 방식.

2 다음 낱말의 뜻에 맞게 (   )에서 알맞은 낱말을 찾아 ○표 하세요.

어휘
확인

(1) 보존: 중요한 것을 잘 보호하여 그대로 (버림 / 남김).

(2) 조상: 자신이 살고 있는 세대 (이전 / 이후)의 모든 세대.

3 다음 낱말이 들어갈 문장을 찾아 선으로 이으세요.

어휘
적용

(1) 조상 •

•㉮ 옛날 우리 (   )들은 줄다리기, 제기차기 놀이를 즐겼다.

(2) 문화 •

•㉯ 박물관에 옛날 사람들이 만든 도자기가 고스란히 (   )되어 있다.

(3) 보존 •

•㉰ 우리나라는 젓가락을 사용하지만 미국은 포크를 사용한다. 이처럼 나라마다 (   )이/가 다르다.

4 다음 중 밑줄 친 낱말을 알맞게 사용하여 말한 친구의 말풍선에 모두 색칠하세요.

어휘
적용

한복에 조상들의 슬기가 담겨 있어. 몸에 붙지 않게 만들어 건강에 좋거든.

옛날에 전쟁을 하면 다른 나라로 여러 명의 군인을 보존했어.

태권도나 한글은 우리나라를 대표하는 자랑스러운 문화야.

5 다음 중 뜻이 서로 비슷한 낱말끼리 선으로 이으세요.

어휘
확장

(1) 문화 •

(2) 보존 •

(3) 슬기 •

• ㉮ 보호: 잘 지켜 원래대로 남게 함.

• ㉯ 풍습: 한 사회에 전해 내려오는 생활 방식.

• ㉰ 지혜: 삶의 진리나 원칙을 잘 이해하고 판단하는 능력.

짝꿍어휘

6 다음 밑줄 친 낱말과 짝을 이루는, 빈칸에 들어갈 알맞은 낱말을 찾아 ○표 하세요.

숭례문은 보존 [ ]가 높기 때문에 소중하게 여겨야 한다.

(1) 가치: 사물이 지니고 있는 쓸모. (　　　)
(2) 경치: 자연이나 지역의 아름다운 모습. (　　　)
(3) 기초: 사물이나 일 등의 기본이 되는 것. (　　　)

독해로
어휘 마무리

오늘의
나의 실력은?

최고야 좋았어 힘내자

7주 1일
정답 확인

○ 다음 일기를 읽고, 물음에 답하세요.

20○○년 ○○월 ○○일 토요일	날씨: 구름이 많이 낀 날

　　친구들과 민속촌에 다녀왔다. 우리는 ◆문화 해설사 선생님을 따라 ㉠조상들이 살았던 기와집, 초가집, 너와집을 보았다. 그중 너와집이 기억에 남았다. 너와집은 돌 조각이나 나뭇조각으로 지붕을 만드는데, 주로 산골 사람들이 살았다고 한다.

　　이어서 생활관에 가서 조상들이 쓰던 항아리를 보았다. 문화 해설사 선생님께서는 조상들이 흙을 구워 항아리를 만들었는데, 항아리 겉면의 작은 구멍으로 공기가 드나들어 음식을 오래 **보존**할 수 있다고 알려 주셨다.

　　다음으로 체험관에 가서 자연 재료로 손수건을 ◆염색했다. 꽃이나 풀, 과일과 같은 자연 재료로 색깔을 내면 시간이 지날수록 더 멋스럽고, 피부를 건강하게 지킬 수도 있다고 한다. 자연 재료로 염색해 보며 조상들의 **슬기**를 배울 수 있었다.

　　민속촌을 구경하면서 옛 **문화**를 골고루 체험해 볼 수 있어서 좋았다.

◆ **문화 해설사:** 관광객들에게 관광지에 대한 전문적인 해설을 할 수 있는 자격을 가진 사람.

◆ **염색했다:** 천이나 실, 머리카락 등에 물을 들였다.

7 ㉠'조상'과 뜻이 반대인 낱말을 두 가지 찾아 ○표 하세요.

선조　　　　자손　　　　풍습　　　　후손

8 글쓴이가 한 일이 <u>아닌</u> 것은 무엇인가요? (　　　　)

① 친구들과 함께 기와집, 초가집, 너와집을 보았다.

② 생활관에 가서 흙을 구워 직접 항아리를 만들었다.

③ 문화 해설사 선생님께 항아리에 대한 설명을 들었다.

④ 자연 재료로 손수건을 염색하며 조상들의 슬기를 배웠다.

⑤ 너와집은 산골 사람들이 살았던 집이라는 사실을 알게 되었다.

우리 문화와 관련된 말 ②

✏️ 다음 퍼즐 모양을 보고, 빈칸에 알맞은 낱말을 쓰세요.

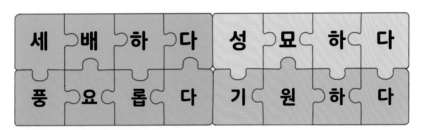

세 배 하 다   성 묘 하 다

풍 요 롭 다   기 원 하 다

곡식이 잘 자라기를 빌었어요.

ㄴ 바라는 일이 이루어지기를 빌다.

비슷한말 바라다, 빌다, 기도하다

설날 아침, 웃어른께 절을 해요.

ㄴ 설에 웃어른께 인사로 절을 하다.

추석에는 먹을 것이 많아요.

ㄴ 매우 많아서 넉넉함이 있다.

비슷한말 넉넉하다, 풍부하다
반대말 모자라다, 부족하다

명절마다 할아버지의 산소를 돌보았어요.

ㄴ 조상의 산소를 찾아가서 돌보다.

명절은 전통적으로 사람들이 특별한 음식을 해 먹고 즐기며 기념하는 날이에요. 설, 단오, 추석 등의 우리나라 명절은 음력 날짜로 지내지요. 명절날 하는 일이나 명절과 관련 있는 여러 가지 말을 공부해 보아요.

1 다음 뜻을 가진 낱말을 보기에서 찾아 쓰세요.

보기
기뻐하다, 기원하다, 기록하다

바라는 일이 이루어지기를 빌다.
⬜⬜⬜⬜

2 다음 낱말의 뜻으로 알맞은 것을 찾아 ○표 하세요.

(1) 풍요롭다
- ㉠ 매우 많아서 넉넉함이 있다. ( )
- ㉡ 정해진 수, 양이나 정도에 이르지 못하다. ( )

(2) 세배하다
- ㉠ 서로 인사를 나누고 헤어지다. ( )
- ㉡ 설에 웃어른께 인사로 절을 하다. ( )

3 다음 대화를 읽고, 빈칸에 들어갈 낱말로 가장 알맞은 것을 찾아 색칠하세요.

: 너희들 지난 설에 뭐 했니?

: 응, 나는 아빠와 함께 할아버지 산소에 ⬭ 왔어.

: 그랬구나. 난 친척과 함께 떡국을 먹고 윷놀이를 했어.

| 야단맞고 | 계산하고 | 성묘하고 | 주장하고 |

4 다음 그림을 보고, (   )에 들어갈 알맞은 낱말을 찾아 ○표 하세요.

어휘
적용

(1)  동생은 한복을 단정하게 입고 부모님께 (세배했다, 장만했다).

(2)  (풍요로운, 슬기로운) 가을날에 들판에 벼가 누렇게 익었다.

5 다음 중 뜻이 서로 비슷한 낱말끼리 선으로 이으세요.

어휘
확장

(1) 기원하다 •

(2) 풍요롭다 •

• ㉮ 바라다

• ㉯ 넉넉하다

• ㉰ 기도하다

• ㉱ 풍부하다

짝꿍어휘

6 다음 밑줄 친 낱말과 짝을 이루는 낱말을 보기 에서 찾아 빈칸에 쓰세요.

보기
• 승부: 이김과 짐.
• 승리: 겨루어서 이김.

➡ 이번 수영 대회에서 우리나라의 (   )를 기원합니다.

독해로
어휘 마무리

오늘의
나의 실력은?

최고야   좋았어   힘내자

7주 2일
정답 확인

○ 다음 독서 감상문을 읽고, 물음에 답하세요.

　오늘 『추석에도 세배할래요』라는 책을 읽었다. 며칠 후면 추석인데, 추석에도 **세배하는지** 궁금했기 때문이다.

　이 책은 세뱃돈을 받고 싶어 하는 민우의 추석날 이야기이다. 세뱃돈으로 변신 로봇을 사고 싶은 민우는 빨리 세배하고 싶어 엄마 일을 돕고 차례도 잘 지낸다. 그리고는 할아버지께 추석에 대한 이야기를 듣다가 갑자기 절을 한다. 부모님과 다른 친척 어른들께도 절을 했지만 민우는 세뱃돈을 받지 못한다. 추석에는 세배 하는 것이 아니라는 할아버지의 말씀에 민우는 결국 울음을 터뜨린다. 그날 밤, 민우는 달님에게 변신 로봇을 달라는 소원을 빌게 된다.

　이 책을 읽고 차례와 **성묘하기**, 송편 먹기 등 추석에 행해지는 ◆세시 풍속에 대해 알게 되었다. 그리고 일 년 중 가장 **풍요로운** 때인 추석에 조상께 감사하고 ◆풍년을 **기원한** 옛사람들의 마음도 느꼈다.

◆ 세시 풍속: 명절날에 하는 일과 놀이, 먹는 음식 등과 같이 해마다 일정한 시기에 되풀이되는 다양한 생활 모습.
◆ 풍년: 곡식이 잘 자라고 잘 여물어 평년보다 수확이 많은 해.

7 다음 밑줄 친 낱말과 뜻이 비슷한 낱말은 무엇인가요? (　　　　　)

할머니, 항상 건강하게 지내시기를 <u>빌게요.</u>

① 기원하다　　　　② 성묘하다　　　　③ 세배하다
④ 궁금하다　　　　⑤ 풍요롭다

8 글쓴이가 읽은 책의 내용으로 알맞으면 ○표, 알맞지 <u>않으면</u> ✕표 하세요.

(1) 민우는 추석에 변신 로봇을 선물 받았다.　　　　　　（　　　　）
(2) 민우는 추석날 밤에 달에게 소원을 빌었다.　　　　　（　　　　）
(3) 민우는 부모님께 세배를 했지만 세뱃돈을 받지 못했다. （　　　　）

우리 문화와 관련된 말 ❸

✏️ 다음 열쇠 모양과 열쇠 구멍을 보고, 빈칸에 알맞은 낱말을 쓰세요.

한식

우리나라 고유의 음식이나 식사.

반대말 양식

민속놀이

옛날부터 사람들에게 전하여 내려오는 놀이.

비슷한말 전통 놀이

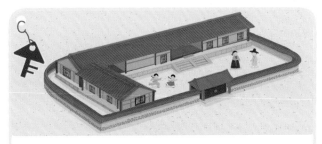

한옥

우리나라 고유의 방식으로 지은 집.

비슷한말 한식집

반대말 양옥

풍물놀이

우리나라 고유의 음악. 꽹과리, 북, 장구, 징 등을 연주하며 노래하고 춤을 춤.

비슷한말 농악

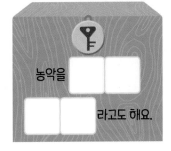

농악을 ☐☐ ☐☐ 라고도 해요.

기와집과 같은 ☐☐을 잘 보존해요.

제기차기는 ☐☐ 중 하나예요.

김치와 같은 ☐☐도 우리의 문화유산이에요.

우리나라의 문화는 세계적으로 우수하다는 평가를 받고 있어요. 우리나라만이 가진 우수한 문화를 가리켜 '우리나라 고유의 문화'라고 한답니다. 우리나라 고유의 음식이나 집, 놀이 등과 관련한 말을 알아봐요.

1 다음 뜻을 가진 낱말을 찾아 색칠하세요.

어휘
확인

(1)

옛날부터 사람들에게 전하여 내려오는 놀이.

소꿉놀이   민속놀이

(2)

우리나라 고유의 음악. 꽹과리, 북, 장구, 징 등을 연주하며 노래하고 춤을 춤.

판소리   풍물놀이

2 다음 낱말의 뜻을 완성하여 쓰세요.

어휘
확인

(1)  한옥: 우리나라 고유의 방식으로 지은 ☐.

(2) 한식: 우리나라 고유의 ☐☐(이)나 식사.

3 다음 빈칸에 공통으로 들어갈 알맞은 낱말을 쓰세요.

어휘
적용

• 대한이는 넓은 마당이 있는 ☐☐에서 살았다.

• 이 건물은 옛날 사람들이 살았던 전통 ☐☐이다.

• ☐☐은/는 나무나 흙 등 주변에서 구하기 쉬운 재료로 지었다.

(   )

4 다음 중 밑줄 친 낱말을 알맞게 사용하여 말한 친구의 이름을 쓰세요.

나는 피자, 햄버거와 같은 <u>한식</u>을 좋아해.
선호

대표적인 <u>풍물놀이</u>에는 연날리기가 있어.
지영

<u>윷놀이</u>는 오늘날에도 하는 <u>민속놀이</u>야.
세아

(   )

5 다음 낱말과 뜻이 반대인 낱말을 찾아 ○표 하세요.

(1) 한식 —— 후식   곡식   양식   편식

(2) 한옥 —— 한복   사옥   양복   양옥

짝꿍어휘
6 다음 낱말과 짝을 이루는 낱말을 찾아 선으로 이으세요.

(1) 한식 •

(2) 풍물놀이 •

• ㉮ 흥겹다
↳ 흥이 나서 기분이 좋고 즐겁다.

• ㉯ 정갈하다
↳ 보기에 깨끗하고 깔끔하다.

독해로
어휘 마무리

오늘의
나의 실력은?

최고야   좋았어   힘내자

7주 3일
정답 확인

○ 다음 설명하는 글을 읽고, 물음에 답하세요.

문화 중에서 후손에게 물려줄 만한 가치가 있는 것을 '문화유산'이라고 합니다. 김치와 같은 ㉠**한식**, 제기차기와 같은 ㉡**민속놀이** 등이 문화유산이에요. 그런데 시간이 흐르면서 문화유산이 사라지고 있어요. 그래서 ✦유네스코에서는 세계적으로 보존해야 할 문화유산을 ✦지정해서 관리하고 있답니다.

유네스코 세계 문화유산으로 지정된 우리 문화유산을 몇 가지 알아보아요.

먼저 하회 마을과 양동 마을이 있어요. 하회 마을과 양동 마을은 2010년에 유네스코 세계 문화유산으로 지정되었어요. 두 마을 모두 같은 성씨가 모여 살던 마을로, 기와집과 초가집 등의 ㉢**한옥**이 잘 보존되어 있어요.

다음으로 ㉣**'풍물놀이'**라고도 불리는 농악이 있어요. 농악은 2014년에 유네스코 세계 문화유산으로 지정됐어요. 농악은 명절이나 힘든 일을 할 때 흥을 ✦돋우는 음악이지요. 신나는 악기 소리에 맞춰 덩실덩실 춤추고 노래하는 민속놀이랍니다.

✦ **유네스코:** 국제 연합 교육 과학 문화 기구.　　　　✦ **지정해서:** 가리키어 확실하게 정해서.
✦ **돋우는:** 의욕이나 감정을 부추기거나 일으키는.

7 ㉠~㉣ 중 다음 밑줄 친 말과 뜻이 비슷한 낱말을 찾아 기호를 쓰세요.

그네뛰기나 널뛰기는 옛날에 여자들이 즐겨 하던 <u>전통 놀이</u>이다.

(　　　　　　　)

8 이 글의 내용으로 알맞지 <u>않은</u> 것은 무엇인가요? (　　　　)

① 하회 마을과 양동 마을은 유네스코 세계 문화유산이다.
② 농악은 2010년에 유네스코 세계 문화유산으로 지정되었다.
③ 하회 마을과 양동 마을 모두 같은 성씨가 모여 살던 마을이다.
④ 문화유산은 문화 중에서 후손에게 물려줄 만한 가치가 있는 것이다.
⑤ 유네스코는 세계적으로 보존해야 할 문화유산을 지정해서 관리하고 있다.

우리 문화와 관련된 말 ④

✏️ 다음 낱말의 뜻을 보고, 빈칸에 알맞은 낱말을 써넣어 이야기를 완성하세요.

생신	성함	연세	댁
'생일'을 높여 이르는 말. 비슷한말 생신날, 생일날	'이름'의 높임말. 비슷한말 성명, 존함	'나이'의 높임말.	남의 집이나 가정을 높여 이르는 말. 비슷한말 가정, 집

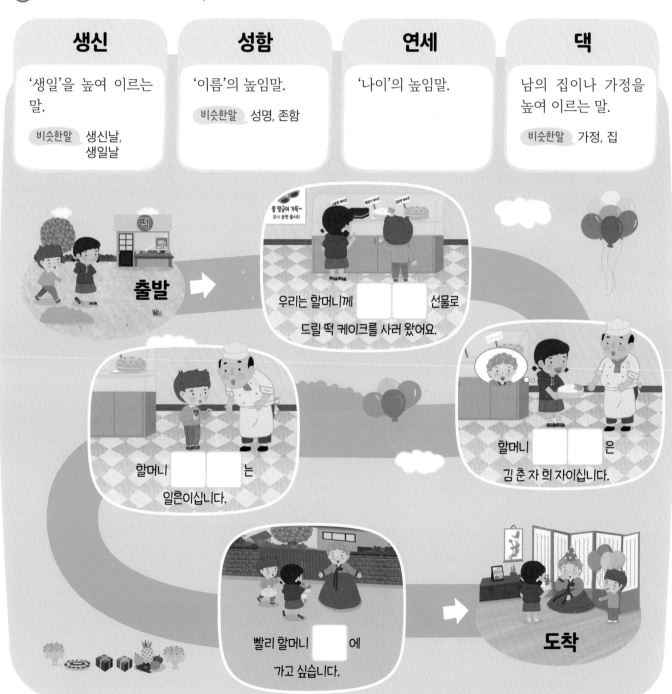

출발

우리는 할머니께 ☐☐ 선물로 드릴 떡 케이크를 사러 왔어요.

할머니 ☐☐ 는 일흔이십니다.

할머니 ☐☐ 은 김 춘 자 희 자이십니다.

빨리 할머니 ☐ 에 가고 싶습니다.

도착

웃어른께는 '말' 대신 '말씀', '아프다' 대신 '편찮으시다'와 같은 높임말을 사용해요. 이러한 높임말은 웃어른께 공경하는 마음을 담아 하는 말이에요. 높임의 뜻이 있는 특별한 낱말을 다양하게 알아보아요.

1 다음 낱말의 뜻에 맞게 빈칸에 들어갈 알맞은 낱말을 보기 에서 찾아 쓰세요.

어휘
확인

> 보기
>
> 말, 병, 나이, 이름

(1) 연세: '(   )'의 높임말.

(2) 성함: '(   )'의 높임말.

2 다음 낱말의 알맞은 뜻을 찾아 선으로 이으세요.

어휘
확인

(1) 댁 •

(2)  생신 •

• ㉮ '생일'을 높여 이르는 말.

• ㉯ 남의 집이나 가정을 높여 이르는 말.

3 다음 문장에 어울리는 낱말을 보기 에서 찾아 빈칸에 쓰세요.

어휘
적용

> 보기
>
> 연세, 성함

(1)  내 나이는 일곱 살이고, 아빠 (   )은/는 마흔이십니다.

(2) 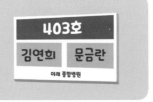 병실 문에 할머니 두 분의 (   )이/가 크게 적혀 있어요.

4 다음 문장에 어울리는 낱말을 (   )에서 찾아 ○표 하세요.

어휘
적용

(1) 설날에 강릉에 있는 고모 (댁, 말씀)에 다녀왔다.

(2) 할아버지, (생신, 연세)을/를 진심으로 축하드립니다.

(3) 편지 봉투에 편지를 받으실 선생님 (성함, 진지)과/와 주소를 바르게 적었다.

5 다음 글의 밑줄 친 낱말과 뜻이 비슷한 낱말을 두 가지 찾아 색칠하세요.

어휘
확장

> 우리말에 예사말과 높임말이 있다. '이름'과 같은 예사말은 친구나 동생에게 편하게 하는 말이고, '성함'과 같은 높임말은 어른들께 예의를 갖춰 하는 말이다.

| 진지 | 성명 | 병환 | 존함 |

짝꿍어휘

6 다음 밑줄 친 낱말과 짝을 이루는, ㉠~㉡에 들어갈 알맞은 낱말을 보기 에서 찾아 쓰세요.

보기
- 맞아: 시간이 흐름에 따라 오는 어떤 때를 대하여.
- 방문하기로: 어떤 사람이나 장소를 찾아가서 만나거나 보기로.

이모의 생신을 (㉠) 우리는 내일 이모 댁에 (㉡) 했다.

| 생신을 ┠ ㉠ | 이모 댁에 ┠ ㉡ |

독해로
어휘 마무리

오늘의
나의 실력은? 최고야 좋았어 함내자

7주 4일
정답 확인

○ **다음 생활문을 읽고, 물음에 답하세요.**

지훈이와 누나는 떡 가게에 갔어요. 할머니 ㉠**생신** 선물로 드릴 떡 케이크를 사기 위해서예요.

"아저씨, 떡 케이크 주세요. 이번 주말이 할머니 생신이거든요."

"마음씨가 정말 곱구나. 여기서 하나 골라 보렴."

지훈이와 누나는 하얀 백설기로 만든 케이크를 골랐어요. 아저씨께서는 축하 ✦문구를 써 주시겠다며 할머니의 ㉡이름과 ㉢**연세**를 물어보셨어요.

"할머니 **성함**은 김 춘 자 희 자이십니다. 그리고 ✦일흔이십니다."

누나와 나는 또박또박 대답했어요.

"그럼 '김춘희 할머니, 칠순 축하드립니다.'라고 쓸게. 토요일 오전에 찾으러 와."

"감사합니다, 아저씨."

지훈이와 누나는 떡 가게를 나오면서 할머니의 환한 미소를 떠올렸어요. 빨리 주말이 되어서 할머니 ㉣**댁**에 가고 싶다고 생각했어요.

✦ **문구:** 특정한 뜻을 나타내는, 몇 낱말로 된 말.
✦ **일흔:** 열의 일곱 배가 되는 수. 칠십 세.

---

7 ㉠~㉣ 중 높임말을 잘못 사용한 것을 찾아 기호를 쓰세요.

(   )

8 이 글에서 일어난 일로 알맞으면 ○표, 알맞지 않으면 ✕표 하세요.

(1) 지훈이의 할머니는 올해 일흔이시다.   (   )

(2) 지훈이 할머니의 생신은 지난 주말이었다.   (   )

(3) 지훈이와 누나는 할머니 생신 선물로 떡 케이크를 샀다.   (   )

(4) 지훈이와 누나는 할머니가 좋아하시는 무지개떡을 골랐다. (   )

우리 문화와 관련된 말

✏️ 다음 뜻에 알맞은 낱말을 가로, 세로로 찾아 선으로 연결하세요.

슬	그	머	니	소	민	속	놀	이
기	준	비	밀	숙	제	점	수	번
억	한	식	사	문	화	장	품	기
하	옥	군	악	부	보	존	대	원
다	리	성	공	호	랑	이	축	하
르	열	함	항	소	풍	요	롭	다
다	선	박	지	연	세	배	하	기

🚗 **낱말 뜻**

1 '나이'의 높임말.
2 '이름'의 높임말.
3 매우 많아서 넉넉함이 있다.
4 우리나라 고유의 음식이나 식사.
5 바라는 일이 이루어지기를 빌다.
6 우리나라 고유의 방식으로 지은 집.
7 중요한 것을 잘 보호하여 그대로 남김.
8 옛날부터 사람들에게 전하여 내려오는 놀이.
9 어떤 일을 바르게 판단하고 일을 잘 처리하는 재능.
10 사람들이 함께 생활하면서 만들어지고 전해지는 생활 방식.

1 다음 밑줄 친 뜻을 가진 낱말을 완성하여 쓰세요.

> 나는 <u>우리나라 고유의 방식으로 지은 집</u>에 삽니다. 우리 집 마루는 앞뒤로 바람이 잘 통해 여름에 마루에 앉아 있으면 무척 시원합니다. 또 방바닥을 뜨겁게 달구어 방 안 전체를 따뜻하게 하는 온돌이 있어 추운 겨울에도 따뜻합니다.

한	

2 다음 밑줄 친 낱말과 바꾸어 쓸 수 있는 낱말을 찾아 ○표 하세요.

> <u>풍물놀이</u>에는 꽹과리, 징, 태평소, 장구, 소고, 북 등의 다양한 악기가 쓰여요. 꽹과리와 징은 쇠를 두드려서 소리를 내고, 태평소는 관을 불어서 소리를 내요. 장구와 소고, 북은 가죽을 두드려서 소리를 낸답니다.

(농악, 문화, 탈놀이)

3 다음 글에서 밑줄 친 낱말과 뜻이 반대인 낱말은 무엇인가요? (   )

> 추석은 일 년 중 가장 <u>풍요로운</u> 날이에요. 한해 농사를 지어 거두어들인 곡식과 과일이 풍성하지요. 추석에는 햅쌀로 지은 밥, 토란국, 송편이나 전, 햇과일 등을 먹어요.

① 작은   ② 가벼운   ③ 넉넉한
④ 부족한   ⑤ 풍부한

4 다음 글의 ◯◯ 에 들어갈 알맞은 낱말을 찾아 색칠하세요.

> 겨울이 되면 배추나 야채가 잘 나지 않는다. 그래서 우리 조상들은 겨울에 먹을 김치를 늦가을에 담가 먹었다. 잘 익은 김치에는 우리 몸에 좋은 유산균과 비타민 같은 영양소가 많이 들어 있다. 그래서 여러 가지 질병을 막아 준다. 이처럼 김치는 조상들의 슬기 | 예의 | 종교 이/가 담긴 전통 음식이다.

5 다음 글은 무엇에 대한 내용인가요? (   )

> 높임말을 사용할 때는 문장을 '-습니다'로 끝냅니다. 또 웃어른을 가리키는 낱말에 '-께'나 '-께서'를 붙입니다. 그리고 '생신', '연세'와 같은 높임의 뜻이 있는 낱말을 사용합니다.

① 높임말을 사용하는 경우
② 높임말을 사용하면 좋은 점
③ 높임말을 사용해야 하는 까닭
④ 높임말을 바르게 사용하는 방법
⑤ 웃어른과 대화할 때 가져야 하는 마음

6 다음 보기의 낱말을 모두 사용한 글을 완성하여 쓰세요.

보기
조상, 민속놀이

옛날 그림을 보면 우리 ✎_____ 들이 생활한 모습을 알 수 있다.

조상들은 여가를 즐길 때에 씨름이나 줄다리기 같은 ✎_____ 을/를 하면서 이웃과 어울려 지냈다.

오늘의
나의 실력은?

 최고야   좋았어   힘내자

한 걸음 더!

○ 다음 뜻에 알맞은 속담을 보기 에서 찾아 빈칸에 쓰세요.

보기

남의 손의 떡은 커 보인다, 김칫국부터 마신다,
우물에 가 숭늉 찾는다, 뚝배기보다 장맛이 좋다

해 줄 사람은 생각지도 않는데
미리부터 다 된 일로 알고 행동한다.

남자아이는 도서관에 같이 갈 생각이 없는데 여자
아이는 도서관에 같이 간다고 생각하나 봐요.

일에는 질서와 차례가 있는데
일의 순서도 모르고 성급하게 덤빈다.

물만 있는 우물에 밥을 다 먹고 끓이는 숭늉이 있을
수 없듯, 씨를 뿌리자마자 벼가 자랄 수도 없어요.

겉모양이 보잘것없어도
내용은 훌륭하다.

꼭 보기 좋은 음식이 맛있는 건 아니랍니다. 볼품이
없어도 맛있는 음식들이 있어요~!

내 것보다 다른 사람의 것이
더 좋게 느껴진다.

같은 크기의 떡이라도 왜 내가 가진 것보다 남이
가진 것이 더 크고 맛있게 보일까요?

산업과 관련된 말 ❶

8주 1일

✏️ 다음 상황에 어울리는 낱말을 사다리를 타고 내려가 빈칸에 쓰세요.

논밭에서 여러 가지 곡식과
채소를 키워요.

바다 가운데 테두리를 치고
물고기를 키워요.

농촌에서 다 자란 벼를
거두어요.

산에서 나무를
잘라 모아요.

수확

익은 농작물을 거두
어들임. 또는 거두어
들인 농작물.

비슷한말 추수, 가을걷이

재배하다

식물을 심어 가꾸다.

비슷한말 가꾸다,
기르다,
키우다

채집하다

널리 찾아서 얻거나
캐거나 잡아 모으다.

비슷한말 모으다,
수집하다

양식하다

물고기, 김, 미역, 버
섯 등을 길러서 많이
퍼지게 하다.

비슷한말 기르다

산업이란 사람이 살아가는 데 필요한 온갖 물건을 만들어 내는 일들을 말해요.
오늘은 산업 중에서도 자연을 이용하는 산업과 관련 있는 말을 공부할 거예요.

1 다음 뜻을 가진 낱말을 완성하여 쓰세요.

어휘
확인

(1) 식물을 심어 가꾸다.

		하	다

(2) 익은 농작물을 거두어들임. 또는 거두어들인 농작물.

2 다음 낱말의 알맞은 뜻을 찾아 선으로 이으세요.

어휘
확인

(1) 채집하다 •

• ㉮ 널리 찾아서 얻거나 캐거나 잡아 모으다.

(2) 양식하다 •

• ㉯ 물고기, 김, 미역, 버섯 등을 길러서 많이 퍼지게 하다.

3 다음 대화를 읽고, 빈칸에 들어갈 낱말로 알맞은 것을 찾아 ○표 하세요.

어휘
적용

 : 애들아, 요즘에는 겨울에도 수박을 먹을 수 있어.

 : 수박은 여름에 먹는 과일 아니야?

 : 응. 그런데 요즘에는 비닐하우스에서 수박을 ⬭ 겨울에도 먹을 수 있대.

발생해서	재배해서	참여해서	유행해서

4 다음 문장의 밑줄 친 부분에 어울리는 낱말을 찾아 색칠하세요.

어휘
적용

(1)

이곳에서 고추잠자리를 많이 <u>잡았어</u>.

| 손질하다 | 채집하다 |

(2)

텃밭에서 방울토마토를 처음 <u>거두어들이고</u> 정말 기뻤다.

| 수확 | 방치 |

5 다음 낱말과 뜻이 비슷한 낱말을 [보기]에서 찾아 쓰세요.

어휘
확장

보기

양식하다, 채집하다

(1) 수집하다: 거두어 모으다.   ― (   )
(2) 기르다: 보살펴 자라게 하다. ― (   )

짝꿍어휘

6 다음 밑줄 친 낱말과 짝을 이루는, 빈칸에 들어갈 알맞은 낱말을 두 가지 찾아 ○표 하세요.

농부가 밭에서 [   ]을/를 <u>재배하다</u>.

(1) 가축: 사람이 생활에 도움을 얻으려고 집에서 기르는 짐승.   (   )
(2) 곡식: 쌀, 보리, 밀, 옥수수 등 주로 주식으로 쓰이는 먹거리.   (   )
(3) 채소: 밭에서 기르며 주로 그 잎이나 줄기, 열매를 먹는 농작물. (   )

독해로
어휘 마무리

오늘의
나의 실력은?
최고야 좋았어 힘내자

8주 1일
정답 확인

○ 다음 블로그의 글을 읽고, 물음에 답하세요.

농촌

넓은 논과 밭이 펼쳐져 있어 농작물을 **수확**하기 좋은 곳이에요.

농촌에 사는 사람들은 대부분 논밭을 갈아서 여러 가지 곡식이나 채소를 ㉠재배해요.

어촌

푸른 바다가 보이고, 갯벌, ◆양식장, 염전 등이 있는 곳이에요.

어촌에 사는 사람들은 고기를 잡거나 소금을 얻어요. 또 김이나 미역을 **양식하거나** 바다에서 해산물을 얻지요.

산지촌

높은 산과 나무가 많이 우거진 숲을 볼 수 있는 곳이에요.

산지촌 사람들은 산에서 나무를 자른 목재를 비롯해서 약초나 버섯 같은 것을 **채집해요.** 또 목장에서 소나 양 등의 가축을 길러요.

◆ 양식장: 물고기나 해조 등을 전문적으로 기르는 곳이나 기관.
◆ 염전: 소금을 만들기 위하여 바닷물을 끌어 들여 논처럼 만든 곳.

---

7 ㉠'재배하다'와 바꾸어 쓸 수 <u>없는</u> 말을 찾아 색칠하세요.

| 가꾸다 | 기르다 | 뿌리다 | 키우다 |

8 이 글을 읽고 말한 것으로 알맞은 것을 보기에서 모두 찾아 기호를 쓰세요.

보기

㉮ 농촌, 어촌, 산지촌의 모습이 서로 같음을 알 수 있었다.

㉯ 사람들이 자연을 이용해 다양한 일을 하는 것을 알 수 있었다.

㉰ 농촌, 어촌, 산지촌 사람들이 다른 일을 하는 것을 알 수 있었다.

(   )

산업과 관련된 말 2

✏️ 다음 퍼즐 모양을 보고, 빈칸에 알맞은 낱말을 쓰세요.

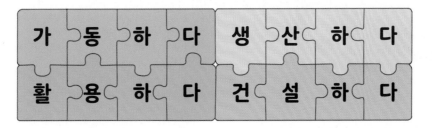

가 동 하 다 생 산 하 다

활 용 하 다 건 설 하 다

임실 치즈는 기계를 움직여 만들었어요.

ㄴ 사람이나 기계 등을 움직여 일하게 하다.

비슷한말 움직이다, 작동하다

임실 치즈는 임실에 공장을 지으며 시작됐어요.

(주) 미래 건설

ㄴ 건물이나 시설을 새로 짓다.

비슷한말 건축하다   반대말 부수다, 헐다

사람들이 먹을 것을 식품으로 만들어요.

ㄴ 사람이 생활하는 데 필요한 물건을 만들다.

비슷한말 만들다, 제조하다

제품을 만들 때 시설과 사람의 힘을 이용해요.

ㄴ 어떤 것의 쓰임이나 능력을 충분히 잘 이용하다. 비슷한말 사용하다, 쓰다, 이용하다

마트나 문구점에 가면 공장에서 만들어진 물건들이 가득해요. 이처럼 우리가 일상생활에서 쉽게 볼 수 있는 것을 만들어 내는 일과 관련한 어휘를 공부해 봐요.

1 다음 뜻을 가진 낱말을 찾아 색칠하세요.

어휘
확인

(1)  건물이나 시설을 새로 짓다.

| 건설하다 | 연설하다 |

(2)  사람이 생활하는 데 필요한 물건을 만들다.

| 생생하다 | 생산하다 |

2 다음 뜻을 가진 낱말이 되도록 글자판에서 알맞은 글자를 찾아 쓰세요.

어휘
확인

| 아 | 활 | 가 | 리 | 용 | 사 | 무 | 감 | 약 | 동 |

(1) 사람이나 기계 등을 움직여 일하게 하다. ☐ ☐ 하 다

(2) 어떤 것의 쓰임이나 능력을 충분히 잘 이용하다. ☐ ☐ 하 다

3 다음 중 낱말을 알맞게 사용하여 말한 두 친구를 찾아 이름을 쓰세요.

어휘
적용

승규: 얼마 전부터 버려진 땅을 주차장으로 <u>생산하고</u> 있어.

주훈: 댐을 <u>건설하면</u> 전기도 만들고 가뭄도 예방할 수 있어.

민하: 여름에는 교실에서도 에어컨을 <u>가동해서</u> 무척 시원해.

(   )

4 다음 빈칸에 공통으로 들어갈 알맞은 낱말을 쓰세요.

어휘
적용

> • 언니는 여가 시간을 [ ][ ]하여 운동을 한다.
>
> • 인터넷을 [ ][ ]하면 많은 자료를 찾을 수 있어 좋다.
>
> • 다가오는 방학에는 계획표를 세워 시간을 잘 [ ][ ]하고 싶다.

(   )

5 다음 글의 ㉠~㉡과 바꾸어 쓸 수 있는 낱말을 찾아 ○표 하세요.

어휘
확장

> 이번에 새로 산 기계를 ㉠가동했어요. 그랬더니 제품을 더 많이 빠르게 ㉡생산할 수 있었어요.

(1) ㉠:   이동했어요   작동했어요   출동했어요

(2) ㉡:   강조할   구조할   제조할

짝꿍어휘

6 다음 밑줄 친 낱말과 짝을 이루는 낱말을 보기 에서 찾아 빈칸에 쓰세요.

보기

> • 도보: 자전거나 자동차 등의 탈것을 타지 않고 걸어감.
>
> • 도로: 사람이나 차가 잘 다닐 수 있도록 만들어 놓은 길.

➡ 새로운 (   )를 건설하면 사람들이 편리하게 이동할 수 있을 것이다.

독해로
어휘 마무리

오늘의
나의 실력은?

최고야 좋았어 힘내자

8주 2일
정답 확인

○ 다음 온라인 대화를 읽고, 물음에 답하세요.

 정우야, 너 우리나라에도 치즈 마을이 있다는 사실 알고 있어?

정말? 유제품은 주로 유럽에서 **생산하는** 줄 알고 있었어.

전라북도에 임실 치즈 마을이 있어. 임실 치즈는 한 벨기에 신부님이 1967년에 조그만 마을인 임실에 공장을 **건설하며** 시작됐대. 기계를 **가동하여** 만든 최초의 우리나라 치즈야.

그렇구나. 임실에 빨리 한번 가 보고 싶어.

 최근에는 좋은 시설과 노동력을 **활용하여** 만들어서 치즈 맛이 더욱 좋대. 임실에서 해마다 치즈 축제도 열리고 있으니 가서 치즈 만들기 체험도 하고, 치즈 요리 나눔 행사에도 참여해 봐.

알려 줘서 고마워, 해나야!

◆ 유제품: 버터, 치즈와 같이 우유를 가공하여 만든 식품.
◆ 노동력: 일을 하는 데 쓰이는 사람의 정신적 능력과 육체적 능력.

7 이 글에 쓰인 낱말 중 다음 밑줄 친 낱말과 뜻이 반대인 것은 무엇인가요? (   )

오래된 집을 <u>헐었다</u>.

① 열리다   ② 가동하다   ③ 건설하다
④ 시작되다   ⑤ 폐기하다

8 이 글의 두 친구가 말한 내용으로 알맞으면 ○표, 알맞지 <u>않으면</u> ✕표 하세요.

(1) 임실 치즈는 유럽에서 처음 생산됐다.	(2) 1967년, 임실에 치즈 공장이 세워졌다.	(3) 임실 치즈 축제에서 치즈 만들기를 할 수 있다.
( )	( )	( )

8주 3일

산업과 관련된 말 ③

✎ 다음 열쇠 모양과 열쇠 구멍을 보고, 빈칸에 알맞은 낱말을 쓰세요.

관리하다

시설이나 물건을 유지하거나 더 좋게 고치다.

비슷한말 맡다

운반하다

물건 등을 옮겨 나르다.

비슷한말 나르다, 옮기다, 운송하다, 수송하다

판매하다

상품 등을 팔다.

비슷한말 팔다 반대말 사다, 구입하다

제공하다

무엇을 내주거나 갖다 바치다.

비슷한말 주다, 내주다, 공급하다, 건네주다

시장에서 가게 주인이 물건을

식당이 다양한 음식을

물건을 다른 곳으로

은행은 사람들이 맡긴 돈을

물건을 다른 사람에게 팔거나 사람들의 생활을 편리하게 해 주는 일이 있어요.
짧은 시간에 삶의 질이 높아지면서 이러한 일들을 하는 사람들도 많이 생겨나고
있고요.

1 다음 낱말의 뜻에 맞게 빈칸에 들어갈 알맞은 낱말을 보기에서 찾아 쓰세요.

어휘
확인

보기

사다, 팔다

판매하다 ➡ 상품 등을 (   ).

2 다음 중 낱말 뜻을 바르게 쓴 열기구를 찾아 ○표 하세요.

어휘
확인

'운반하다'의 뜻은 '물건 등을 옮겨 나르다.'이다.

'관리하다'의 뜻은 '무엇을 내주거나 갖다 바치다.'이다.

'제공하다'의 뜻은 '시설이나 물건을 유지하거나 더 좋게 고치다.'이다.

3 다음 사람이 하는 일에 어울리는 말을 보기에서 찾아 쓰세요.

어휘
적용

보기

착용하다, 판매하다, 운반하다, 배출하다

(1)  그분은 이삿짐을 나르는 일을 한다.

(   )

(2)  그분은 백화점에서 옷을 파는 일을 한다.

(   )

4 다음 문장에 어울리는 낱말을 ( )에서 찾아 ○표 하세요.

(1) 나무는 우리에게 그늘을 (운반한다 / 제공한다).

(2) 용돈 기입장을 쓰면 용돈을 잘 (관리할 / 판매할) 수 있다.

5 다음 글에서 밑줄 친 낱말과 뜻이 반대인 낱말을 찾아 완성하여 쓰세요.

옛날, 고기를 판매하던 노인이 있었다. 어느 날, 젊은 양반 둘이 비슷한 시간에 고기를 <u>사고</u> 싶어 그 노인을 찾아왔다.

그런데 윗마을에 사는 양반은 노인에게 명령하듯이 말했고, 아랫마을에 사는 양반은 노인에게 예의를 갖추어 말했다.

노인은 자신을 존중해 주는 아랫마을 양반에게 고기를 더 많이 주었다.

| | | 하 | 다 |

6 다음 밑줄 친 낱말과 짝을 이루는, 빈칸에 들어갈 알맞은 낱말을 찾아 ○표 하세요.

○○시는 작년부터 청년들에게 다양한 [   ]를 <u>제공하기</u> 위해 많은 노력을 하고 있습니다.

(1) 제자리: 본래 있던 자리. ( )

(2) 일자리: 일터나 직장과 같이 직업으로 삼아 일하는 곳. ( )

독해로
어휘 마무리

오늘의
나의 실력은?

최고야 좋았어 힘내자

8주 3일
정답 확인

○ 다음 백과사전을 읽고, 물음에 답하세요.

1 서비스업의 의미

물건을 직접 만드는 것이 아니라 만들어진 물건을 팔거나 사람들의 생활을 편리하게 해서 만족을 주는 일을 말해요.

2 서비스업의 종류

서비스업은 매우 다양해요. 백화점이나 시장에서 물건을 **판매하는** 일, 물건을 다른 곳으로 ㉠<u>운반하는</u> 일, 호텔과 같은 ◆숙박 시설과 관련된 일, 식당에서 음식을 **제공하는** 일, 학교나 학원에서 학생들을 교육하는 일, 병원에서 의사나 간호사가 환자를 진료하는 일 등은 모두

서비스업이에요. 그리고 은행에서 돈을 빌려주거나 사람들이 맡긴 돈을 **관리하는** 일, 연극을 공연하거나 영화를 ◆상영하는 일 등까지도 포함되지요.

3 서비스업의 특징

서비스업은 사람들이 많이 사는 도시에 발달해요. 경제가 발전하면서 서비스업의 종류는 점점 많아지고, 시장도 점점 커지고 있답니다.

◆ **숙박 시설:** 관광객, 여행객이 잠을 자고 머무를 수 있도록 만든 시설. 여관, 호텔 등이 있음.
◆ **상영하는:** 영화를 극장 등의 장소에서 화면으로 관객에게 보이는.

7 다음 중 서비스업에 해당하는 일이 <u>아닌</u> 것은 무엇인가요? (   )

① 만들어진 물건을 파는 일
② 의사가 환자를 진료하는 일
③ 선생님이 학생을 가르치는 일
④ 극장에서 연극을 공연하는 일
⑤ 사람들에게 필요한 물건을 만드는 일

8 다음 보기 에서 ㉠과 비슷한 뜻을 가진 낱말이 <u>아닌</u> 것을 찾아 쓰세요.

보기
나르다, 고르다, 옮기다, 운송하다

(   )

산업과 관련된 말 ④

✏️ 다음 낱말의 뜻을 보고, 빈칸에 알맞은 낱말을 써넣어 이야기를 완성하세요.

몰두하다

어떤 일에 온 정신을 다 기울여 열중하다.

비슷한말 집중하다, 열중하다

발명하다

아직까지 없던 기술이나 물건을 새로 생각하여 만들어 내다.

비슷한말 개발하다

연구하다

깊이 있게 조사하고 생각하여 진리를 따져 보다.

비슷한말 탐구하다, 조사하다

예측하다

미리 헤아려 짐작하다.

비슷한말 짐작하다, 내다보다, 예상하다

출발 ➡️

라이트 형제가 책을 읽으며 비행기 설계를 ☐☐☐☐

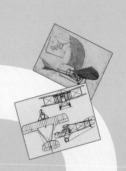

사람들이 더 빠른 비행기를 만드는 데 ☐☐☐☐

라이트 형제가 1903년에 비행기를 ☐☐☐☐

사람들이 새로운 비행기가 나올 것이라고 ☐☐☐☐

➡️ 도착

아주 먼 옛날부터 사람들은 주위에 있는 것을 이용해서 새로운 것을 만들어 내고, 세상에 없는 물건을 만들어 내었어요. 이와 관련 있는 낱말을 다양하게 배워 봐요.

1 다음 낱말의 뜻으로 알맞은 것을 찾아 ○표 하세요.

어휘
확인

(1) 몰두하다
- ㉠ 몸이나 정신이 이상이 없이 튼튼하다. ( )
- ㉡ 어떤 일에 온 정신을 다 기울여 열중하다. ( )

(2) 발명하다
- ㉠ 어떠한 것을 좋게 만들다. ( )
- ㉡ 아직까지 없던 기술이나 물건을 새로 생각하여 만들어 내다. ( )

2 다음 낱말의 뜻에 맞게 보기 에서 알맞은 낱말을 찾아 빈칸에 쓰세요.

어휘
확인

보기
시작, 짐작, 조사

(1) 예측하다 ➡ 미리 헤아려 □□하다.

(2) 연구하다 ➡ 깊이 있게 □□하고 생각하여 진리를 따져 보다.

3 다음 중 빈칸에 '몰두하다'가 들어가기에 알맞지 <u>않은</u> 문장을 찾아 기호를 쓰세요.

어휘
적용

㉠ 친구들이 계속 떠들어서 ⬭.
㉡ 화가가 그림 그리는 일에 ⬭.
㉢ 형이 잠자는 것도 잊으며 독서에만 ⬭.

( )

4 다음 중 밑줄 친 낱말을 잘못 사용한 부분의 기호를 쓰세요.

어휘
적용

> 석주명은 누구보다 열심히 공부했다. 그런 석주명에게 일본인 선생님은 나비를 ㉠발명해 보라고 했다. 석주명은 선생님의 말씀을 듣고 밥 먹는 시간도 아껴 가며 나비를 연구하는 일에 ㉡몰두했다.

(   )

5 다음 중 뜻이 비슷한 낱말끼리 짝 지어진 것을 찾아 ○표 하세요.

어휘
확장

(1)

몰두하다 ―
집중하다

(   )

(2)

연구하다 ―
소란하다

(   )

(3)

발명하다 ―
기록하다

(   )

짝꿍어휘

6 다음 밑줄 친 낱말과 짝을 이루는, ㉠~㉡에 들어갈 낱말을 보기에서 찾아 쓰세요.

━━ 보기 ━━

- 장래: 다가올 앞날.
- 왕래: 사람들이 서로 오고 가고 함.
- 학자: 특정 학문을 아주 잘 아는 사람. 또는 학문을 연구하는 사람.
- 감독: 공연, 영화, 운동 경기 등에서 일의 전체를 지휘하며 책임지는 사람.

> 별자리는 별을 이어 만든 그림이다. 옛사람들은 별자리를 보고 ㉠ 를 예측할 수 있다고 믿었다. 그래서 별자리를 연구하는 ㉡ 도 있었다.

㉠ ⊐⊏ 예측하다   연구하는 ⊐⊏ ㉡

독해로
어휘 마무리

오늘의
나의 실력은?
최고야 좋았어 힘내자

8주 4일
정답 확인

○ **다음 전기문을 읽고, 물음에 답하세요.**

옛날부터 사람들은 새처럼 하늘을 날고 싶어 했어요. 세계에서 처음 비행기를 타고 하늘을 난 사람은 미국의 라이트 형제(윌버 라이트, 오빌 라이트)예요.

어느 날, 라이트 형제는 독일 사람이 ♦글라이더를 탔다는 소식을 접하고 비행에 흥미를 갖게 되었어요. 그때부터 라이트 형제는 수천 권의 책을 읽으며 하루도 빠짐없이 비행기만 생각했어요. 그리고 비행기를 어떻게 만들 것인지 ♦설계를 **연구하고**, 비행기를 계속해서 직접 만들어 타 보았어요. 여러 번의 실패를 거듭한 끝에 라이트 형제는 1903년에 결국 글라이더에 엔진과 프로펠러를 달아 만든 비행기를 타고 하늘을 날았어요. 비행기를 (㉠)**하는** 데 성공한 것이에요!

라이트 형제가 비행기를 발명한 이후에 사람들은 더 안전하고, 더 빠른 비행기를 만드는 데 **몰두하고** 있어요. 또 미래에는 비행 기술이 더욱 발전하여 조종사가 타지 않아도 자유롭게 조종이 가능한 비행기가 나올 것이라고 **예측하고** 있어요. 또다시 어떤 발명품이 세계를 바꾸게 될지 기대하면서요.

♦ **글라이더:** 엔진 없이 바람만을 이용하여 나는, 날개가 달린 비행기.

♦ **설계:** 건축, 기계 등에 관한 계획을 세우거나 그 계획을 그림 등으로 나타내는 것.

7 라이트 형제에 대한 설명으로 알맞지 **않은** 것은 무엇인가요? ( )

① 비행기를 직접 만들어 보았다.
② 비행기를 발명하는 데 성공했다.
③ 비행기에 대한 책을 수천 권 썼다.
④ 1903년에 글라이더에 엔진과 프로펠러를 달았다.
⑤ 세계에서 처음으로 비행기를 타고 하늘을 날았다.

8 ㉠에 들어갈 알맞은 낱말을 두 가지 고르세요. (,)

① 집중   ② 개발   ③ 발명
④ 열중   ⑤ 삭제

산업과 관련된 말

✏️ **다음 뜻풀이를 보고, 십자말풀이를 완성하세요.**

➡️ **가로**

1 사람이 생활하는 데 필요한 물건을 만들다.

2 어떤 일에 온 정신을 다 기울여 열중하다.

3 물건 등을 옮겨 나르다.

4 무엇을 내주거나 갖다 바치다.

5 사람이나 기계 등을 움직여 일하게 하다.

⬇️ **세로**

1 식물을 심어 가꾸다.

2 아직까지 없던 기술이나 물건을 새로 생각하여 만들어 내다.

3 익은 농작물을 거두어들임. 또는 거두어들인 농작물.

4 건물이나 시설을 새로 짓다.

5 상품 등을 팔다.

1 다음 밑줄 친 뜻을 가진 낱말을 찾아 ○표 하세요.

> 식목일은 나무를 많이 심고 아껴 가꾸도록 권장하기 위해 나라에서 정한 날이다. 식목일을 맞이하여 엄마와 나는 집 마당에 <u>채소를 몇 가지 심어 가꾸기</u>로 하였다.

운반하기   재배하기   판매하기   복구하기

2 다음 주어진 글자를 조합하여 밑줄 친 낱말과 뜻이 비슷한 낱말을 완성하여 쓰세요.

> 지환: 주원아, 왜 야생 동물들이 다니는 길을 따로 만들어야 할까?
>
> 주원: 사람이 만든 도로나 철도 때문에 야생 동물들이 살기 힘들어졌기 때문이야. 야생 동물들이 안전하게 이동할 수 있게 길을 <u>제공하는</u> 거지.

다 급 하 공 → ☐ ☐ ☐ ☐

3 다음 밑줄 친 낱말과 뜻이 반대인 낱말은 무엇인가요? (   )

> 세계 여러 나라의 집 모양이 달라요. 태국이나 베트남 사람들은 더위를 피하려고 물 위에 집을 <u>건설해요</u>. 또 몽골 사람들은 이곳저곳 옮겨 다니기 쉽게 둥근 천막집을 짓지요.

① 세우다   ② 부수다   ③ 작동하다

④ 개발하다   ⑤ 구입하다

4 다음 글의 ⬭에 들어갈 알맞은 낱말을 찾아 색칠하세요.

> 옛날부터 우리 조상들에게 날씨를 [수확 | 예측 | 채집] 하는 일은 매우 중요했다. 비의 양이 농사에 큰 영향을 끼쳤기 때문이다. 하지만 비의 양을 재는 법이 정확하지 않아서 백성들은 어려움을 겪어야 했다. 그래서 조선의 임금인 세종은 비의 양을 재는 기구를 만드는 것에 몰두해 측우기를 발명했다.

5 다음 글을 읽은 생각으로 알맞은 것을 찾아 ○표 하세요.

> 연필은 어떤 과정을 거쳐 우리에게 올까요? 먼저, 산에서 연필의 몸통으로 쓰일 나무를 베고, 광산에서 연필심으로 쓰일 흑연을 캐요. 그다음 공장에서 나무에 흑연을 넣어 연필을 만들지요. 다 만들어진 연필은 트럭에 실려 여러 가게로 운반되고, 사람들은 문구점이나 마트에서 연필을 산답니다.

(1) 연필이 발명된 것은 그리 오래되지 않았구나.   (   )

(2) 연필을 싼값에 사려면 문구점이나 마트에서 사는 게 좋겠어.   (   )

(3) 물건이 생산되어 우리가 사기까지는 많은 생산 활동이 일어나는구나.

(   )

6 다음 보기의 낱말을 모두 사용한 글을 완성하여 쓰세요.

보기
가동, 관리

우리 동네에는 나라에서 ✏_____하는 국립 공원이 있어요.

이 국립 공원은 여름이면 분수 기계를 ✏_____하여 많은 사람이 찾고 있어요.

한 걸음 더!

오늘의
나의 실력은?

 최고야
 좋았어
 힘내자

8주 5일
정답 확인

○ 다음 뜻에 알맞은 관용어를 보기 에서 찾아 빈칸에 쓰세요.

보기

날개가 돋치다, 파리를 날리다,

주머니 사정이 좋다, 허리띠를 졸라매다

돈이나 물건을 지나치게 쓰지 않고
검소한 생활을 하다.

 돈을 아끼려고 굴비를 먹지는 않고 천장에 매달아
두고 바라만 보는군요.

가게에 손님이 없고
장사가 잘 안되어 한가하다.

 기다리는 손님은 찾아오질 않고 파리만 날리니 식
당 주인은 걱정이 크겠어요.

쓸 돈이
넉넉하게 있다.

 용돈을 많이 가진 친구가 오늘 떡볶이를 살 건가 봐
요.

물건이 인기가 있어서
빠른 속도로 팔려 나가다.

 와, 과일에 날개가 달렸나 봐요. 눈 깜짝할 사이
에 다 팔렸어요.

어휘

바른답과 학부모 가이드

2단계 (2학년)

하루 한장 어휘의
효율적인 학습을 위한 특별 제공

1

"바른답과 학부모 가이드"의 앞표지를 넘기면 '학습 계획표'가 있어요. 아이와 함께 학습 계획을 세워 보세요.

2

"바른답과 학부모 가이드"의 뒤표지를 앞으로 넘기면 '붙임 학습판'이 있어요. 붙임딱지를 붙여 붙임 학습판의 그림을 완성해 보세요.

3

그날의 학습이 끝나면 '정답 확인' QR 코드를 찍어 학습 인증을 하고 하루템을 모아 보세요.

어휘 2단계 주제 학습 계획표

주차	일	주제	학습 어휘	학습한 날	부모님 확인
1주	1일	느낌을 나타내는 말	떫다, 매콤하다, 새콤하다, 짭짤하다	월 일	
	2일		고소하다, 매캐하다, 지독하다, 향긋하다	월 일	
	3일		까칠하다, 말랑하다, 보드랍다, 폭신하다	월 일	
	4일		발그스름하다, 선명하다, 컴컴하다, 푸릇푸릇하다	월 일	
	5일		1주 복습	월 일	
2주	1일	마음을 나타내는 말	느긋하다, 들뜨다, 따분하다, 상쾌하다	월 일	
	2일		근사하다, 난감하다, 보람되다, 유쾌하다	월 일	
	3일		너그럽다, 민망하다, 서럽다, 원망하다	월 일	
	4일		벅차다, 샘나다, 조마조마하다, 통쾌하다	월 일	
	5일		2주 복습	월 일	
3주	1일	일이 일어난 때와 관련된 말	새벽, 오전, 저녁, 정오	월 일	
	2일		그저께, 글피, 모레, 엊그제	월 일	
	3일		개월, 보름, 주간, 지난주	월 일	
	4일		내년, 올해, 작년, 재작년	월 일	
	5일		3주 복습	월 일	
4주	1일	재거나 세는 말	길다, 높이, 둘레, 세로	월 일	
	2일		들이, 무겁다, 이상, 적다	월 일	
	3일		가늘다, 두껍다, 좁다, 폭	월 일	
	4일		분, 빠르다, 속도, 정각	월 일	
	5일		4주 복습	월 일	
5주	1일	자연과 관련된 말	기상, 생태계, 안개, 자연	월 일	
	2일		사막, 산지, 초원, 평야	월 일	
	3일		갯벌, 바닷가, 섬, 폭포	월 일	
	4일		미치다, 방지하다, 보호하다, 원인	월 일	
	5일		5주 복습	월 일	
6주	1일	공동체와 관련된 말	공동체, 기부하다, 인심, 지원하다	월 일	
	2일		교우, 역할, 원만하다, 존중하다	월 일	
	3일		공공, 동네, 배려, 이웃	월 일	
	4일		교류하다, 지방, 친선, 협력하다	월 일	
	5일		6주 복습	월 일	
7주	1일	우리 문화와 관련된 말	문화, 보존, 슬기, 조상	월 일	
	2일		기원하다, 성묘하다, 세배하다, 풍요롭다	월 일	
	3일		민속놀이, 풍물놀이, 한식, 한옥	월 일	
	4일		댁, 생신, 성함, 연세	월 일	
	5일		7주 복습	월 일	
8주	1일	산업과 관련된 말	수확, 양식하다, 재배하다, 채집하다	월 일	
	2일		가동하다, 건설하다, 생산하다, 활용하다	월 일	
	3일		관리하다, 운반하다, 제공하다, 판매하다	월 일	
	4일		몰두하다, 발명하다, 연구하다, 예측하다	월 일	
	5일		8주 복습	월 일	

바른답과
학부모 가이드

2단계(2학년)

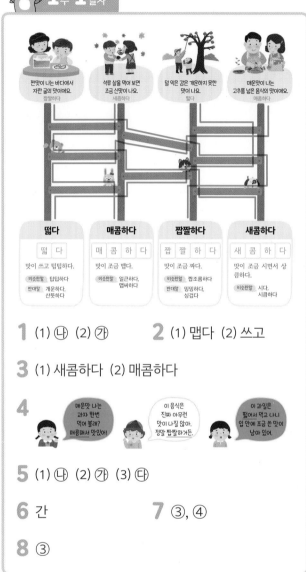

떫다
| 떫 | 다 |

맛이 쓰고 텁텁하다.
비슷한말 텁텁하다
반대말 개운하다, 산뜻하다

매콤하다
| 매 | 콤 | 하 | 다 |

맛이 조금 맵다.
비슷한말 얼큰하다, 맵싸하다

짭짤하다
| 짭 | 짤 | 하 | 다 |

맛이 조금 짜다.
비슷한말 짭조름하다
반대말 밍밍하다, 싱겁다

새콤하다
| 새 | 콤 | 하 | 다 |

맛이 조금 시면서 상큼하다.
비슷한말 시다, 시큼하다

1 (1) ㉯ (2) ㉮ **2** (1) 맵다 (2) 쓰고

3 (1) 새콤하다 (2) 매콤하다

4

5 (1) ㉯ (2) ㉮ (3) ㉲

6 간 **7** ③, ④

8 ③

1 귤의 맛은 조금 시면서 상큼하고, 소금을 뿌린 생선의 맛은 조금 짭니다.

4 제맛이 나지 않는 음식의 맛은 '싱겁다', '밍밍하다' 등과 같은 낱말로 표현하기에 알맞습니다.

5 '떫다'와 '텁텁하다'는 음식의 개운하지 못한 맛을 표현할 때 사용하고, '새콤하다'와 '시큼하다'는 음식의 신맛을 표현할 때 사용합니다. 또 '매콤하다'와 '얼큰하다'는 음식의 매운맛을 표현할 때 사용합니다.

7 '짭짤하다'는 '맛이 조금 짜다.'라는 뜻의 말로, '음식의 짠맛이 적다.'라는 뜻의 '싱겁다'나 '음식이 제맛이 나지 않고 몹시 싱겁다.'라는 뜻의 '밍밍하다'와 뜻이 반대입니다.

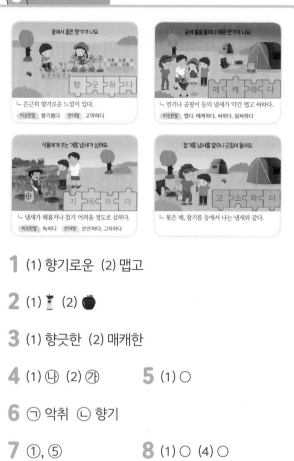

꽃에서 좋은 향기가 나요.
| 향 | 긋 | ㅎ | 다 |
ㄴ 은근히 향기로운 느낌이 있다.
비슷한말 향기롭다 반대말 고약하다

숲에 불을 붙이니 매운 연기가 나요.
| 매 | 캐 | 하 | 다 |
ㄴ 연기나 곰팡이 등의 냄새가 약간 맵고 싸하다.
비슷한말 맵다, 메케하다, 싸하다, 알싸하다

식물에게 주는 거름 냄새가 심해요.
| 지 | 독 | 하 | 다 |
ㄴ 냄새가 해롭거나 참기 어려울 정도로 심하다.
비슷한말 독하다 반대말 은은하다, 그윽하다

참기름 냄새를 맡으니 군침이 돌아요.
| 고 | 소 | 하 | 다 |
ㄴ 볶은 깨, 참기름 등에서 나는 냄새와 같다.

1 (1) 향기로운 (2) 맵고

2 (1) 🗑 (2) 🍎

3 (1) 향긋한 (2) 매캐한

4 (1) ㉯ (2) ㉮ **5** (1) ○

6 ㉠ 악취 ㉡ 향기

7 ①, ⑤ **8** (1) ○ (4) ○

2 '지독하다'는 '냄새가 해롭거나 참기 어려울 정도로 심하다.'라는 뜻을 가진 낱말입니다.

3 (1)의 친구는 향기로운 비누 냄새를 맡아 기분 좋은 모습이고, (2)의 친구는 창고 안에서 약간 맵고 싸한 먼지 냄새를 맡아 답답해하는 모습입니다.

4 깨를 볶을 때 나는 냄새는 '고소하다', 상한 생선에서 나는 냄새는 '지독하다'라는 낱말이 어울립니다.

5 '고약하다'는 '냄새 등이 역하거나 매우 좋지 않다.'라는 뜻이고, '향긋하다'는 '은근히 향기로운 느낌이 있다.'라는 뜻입니다. '향긋하다'와 '고약하다'는 뜻이 반대입니다.

6 '악취'는 쓰레기, 하수구 냄새 등 지독하게 나쁜 냄새를 가리킬 때 사용하고, '향기'는 꽃 냄새, 향수 냄새 등 좋은 냄새를 가리킬 때 사용합니다.

7 ㉠에는 꽃에서 나는 향내와 관련 있는 '향긋한', '향기로운'이라는 낱말이 들어가기에 알맞습니다.

8 '나'는 어디선가 이상한 냄새가 풍겨 오자 코를 막고 지독한 냄새가 난다고 소리쳤습니다.

고무로 만든 공이	아기 피부를 만져 보면	비누 거품이 솜사탕처럼	피부가 모래알처럼
말 랑 하 다	보 드 랍 다	폭 신 하 다	까 칠 하 다

1 (1) 말랑하다 (2) 폭신하다

2 (1) 까칠하다 (2) 보드랍다

3 ㉡, ㉢

4 (1) 까칠하다 (2) 폭신하다

5 (1) 빳빳하다 (2) 매끄럽다 (3) 단단하다

6 감촉   **7** ㉢

8 ③, ④

1 '딱딱하다'는 '몹시 굳고 단단하다.'라는 뜻이고, '쌀쌀맞다'는 '성격이나 행동이 따뜻한 정이나 붙임성이 없이 차갑다.'라는 뜻의 낱말입니다.

2 '피부나 물건의 겉면이 매끄럽지 않고 거칠다.'라는 뜻의 낱말은 '까칠하다'이고, '닿거나 스치는 느낌이 거칠거나 빳빳하지 않다.'라는 뜻의 낱말은 '보드랍다'입니다.

3 나무로 만든 의자가 낡았다고 했으므로 '삐걱거린다'가 알맞습니다. 또 울타리가 강한 비바람에도 끄떡하지 않는다고 했으므로 '단단하다'가 알맞습니다.

4 땅콩 겉껍질을 만져 보면 매끄럽지 않고 거칠기 때문에 '까칠하다'라는 낱말과 뜻이 통하고, 이불은 금방 부풀어 오르고 포근하므로 '폭신하다'라는 낱말과 뜻이 통합니다.

5 '빳빳하다'는 '물체가 구부러진 데 없이 곧고 단단하다.'라는 뜻으로 '보드랍다'와 뜻이 반대이고, '매끄럽다'는 '거친 데가 없이 보드랍다.'라는 뜻으로 '까칠하다'와 뜻이 반대입니다. 또 '단단하다'는 '약하거나 무르지 않고 빈틈이 없이 튼튼하다.'라는 뜻으로 '말랑하다'와 뜻이 반대입니다.

6 선물로 받은 목도리를 만졌을 때의 느낌을 말한 문장으로, '감촉'이라는 낱말이 '보드랍다'와 짝을 이룰 수 있습니다.

7 '거칠다'는 '표면이 곱거나 부드럽지 않다.'라는 뜻의 말이므로, '보드랍다'와 뜻이 반대입니다.

8 요술 비누는 폭신한 비누 거품이 피부에 자극을 주지 않으며, 비누의 은은한 향기가 하루 종일 계속된다고 했습니다.

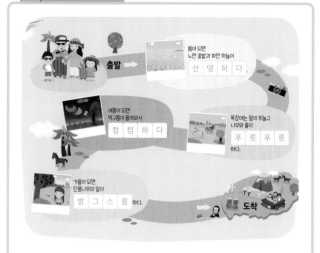

1 (1) 선명하다 (2) 컴컴하다

2 (1) 발갛다 (2) 푸르다

3 푸릇푸릇해

4 (1) ㉯ (2) ㉮ (3) ㉰

5 (1) 뚜렷하다 (2) 발갛다 (3) 푸르스름하다

6 (2) ○   **7** ㉠

8 (1) ○ (2) × (3) ○ (4) ×

2 '발그스름하다'의 뜻은 '조금 발갛다.'이고, '푸릇푸릇하다'의 뜻은 '군데군데가 조금 푸르다.'입니다.

3 새싹이 곳곳에 돋아난 모습을 표현한 낱말로 '군데군데가 조금 푸르다.'라는 뜻의 '푸릇푸릇하다'가 가장 알맞습니다.

4 텔레비전 화면의 색깔이 뚜렷하고, 해가 져서 골목길이 어둡고, 해가 질 무렵 하늘이 햇빛에 물들어 조금 붉습니다.

5 '뚜렷하다'는 '아주 확실하거나 분명하다.'를 뜻하고, '발갛다'는 '밝고 연하게 붉다.'를 뜻합니다. 또 '푸르스름하다'는 '조금 푸르다.'를 뜻합니다.

6 문장의 빈칸에는 '흔적'을 뜻하는 '자국'이 알맞습니다.

7 안경을 쓰니 멀리 있는 글자가 잘 보였다는 뜻으로 문장을 완성해야 하므로, 빈칸에 '선명하다'가 들어가는 것이 알맞습니다.

8 이 글은 제주도를 소개한 글로, 봄, 여름, 가을, 겨울 제주도의 다른 특징을 설명하고 있습니다.

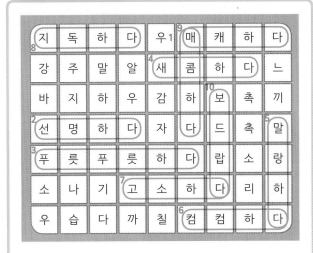

1 선명하다

2 ③

3 환하다

4 폭신해서

5 ③

6 까슬까슬해요 / 향긋해요

2 '맵싸하다'는 '맵고 코나 목을 쏘는 듯한 느낌이 있다.'라는 뜻이므로, '매콤하다'와 바꾸어 쓰기 알맞습니다.

6 각각 까칠한 아빠 수염을 만져 본 느낌, 봄꽃 향기가 나는 엄마 냄새를 맡아 본 느낌을 나타내는 말이 알맞습니다.

한 걸음 더!

▶ 속담은 예로부터 전하여 내려오는 조상의 지혜가 담긴 표현을 말합니다. 속담 '달면 삼키고 쓰면 뱉는다'는 기준 없이 자신의 이익만 꾀하는 사람에게 어울립니다.

2주 마음을 나타내는 말

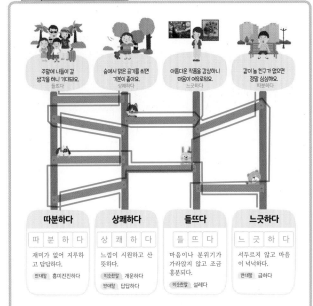

1 (1) 따분하다 (2) 들뜨다

2 (1) ㉯ (2) ㉮   **3** 느긋

4 (1) 들뜨다 (2) 상쾌하다

5 (1) 느긋하다 (2) 따분하다 (3) 상쾌하다

6 (2) ○   **7** ㉠ 들뜨다

8 ①, ③

3 네 문장의 빈칸에는 '서두르지 않고 마음이 넉넉하다.'라는 뜻을 가진 낱말이 어울리므로 빈칸에 들어갈 알맞은 말은 '느긋'입니다.

4 신나게 롤러코스터를 타고 있는 민우에게는 '들뜨다', 친구들과 함께 놀아 기분이 좋아진 지우에게는 '상쾌하다'라는 마음을 나타내는 말이 어울립니다.

5 '느긋하다'는 서두르지 않는 마음을 뜻하므로 '급하다'와 뜻이 반대이고, '따분하다'는 지루하고 답답한 마음을 뜻하므로 '흥미진진하다'와 뜻이 반대입니다. 또 '상쾌하다'는 산뜻한 마음을 뜻하므로 '답답하다'와 뜻이 반대입니다.

7 '설레다'라는 낱말은 '마음이 가라앉지 아니하고 들떠서 두근거리다.'를 뜻하므로 '들뜨다'와 뜻이 비슷합니다.

1 (1) 근사하다 (2) 난감하다 (3) 보람되다

2 즐겁다　　　　**3** 보람된

4 (1) ○ (3) ○

5 (1) 곤란하다 (2) 기쁘다

6 ㉠ 옷차림 ㉡ 처지

7 ④　　　　**8** ④

1 '아주 그럴듯하고 좋다.'는 '근사하다'라는 낱말의 뜻이고, '분명하게 마음을 정하기 어렵다.'는 '난감하다'라는 낱말의 뜻이고, '어떤 일을 한 뒤에 좋은 결과나 가치, 만족한 느낌이 있다.'는 '보람되다'라는 낱말의 뜻입니다.

2 '유쾌하다'는 '즐겁고 기분이 좋다.'라는 뜻의 말로 '기쁘다', '좋다' 등과 바꾸어 쓸 수 있습니다.

3 쓰레기를 주워 담았을 때의 마음을 나타내는 말을 떠올려 괄호에 알맞은 낱말을 찾아봅니다.

4 평소에 갖고 싶던 책을 선물받았을 때에는 기쁘고 기분이 좋을 것이므로 '난감하다'라는 말은 어울리지 않습니다.

5 '곤란하다'는 '사정이 몹시 딱하고 어렵다.'라는 뜻으로 '난감하다'와 뜻이 비슷하고, '기쁘다'는 '기분이 매우 좋고 즐겁다.'라는 뜻으로 '유쾌하다'와 뜻이 비슷합니다.

7 '멋있다'는 '보기에 썩 좋거나 훌륭하다.'라는 뜻의 낱말이므로, '근사하다'와 뜻이 비슷합니다.

8 글쓴이가 맨눈으로 본 달은 매끈했지만 망원경으로 본 달은 겉면에 움푹 파인 구덩이들이 있었다고 했습니다.

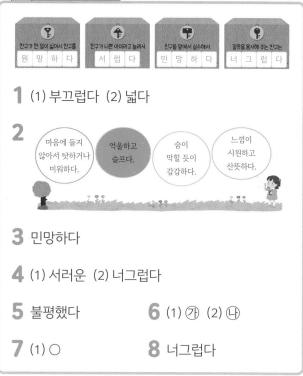

1 (1) 부끄럽다 (2) 넓다

2

| 마음에 들지 않아서 탓하거나 미워하다. | 억울하고 슬프다. | 숨이 막힐 듯이 갑갑하다. | 느낌이 시원하고 산뜻하다. |

3 민망하다

4 (1) 서러운 (2) 너그럽다

5 불평했다　　　　**6** (1) ㉮ (2) ㉯

7 (1) ○　　　　**8** 너그럽다

1 사람을 대하거나 보기가 부끄러운 마음을 나타낼 때에는 '민망하다'라는 낱말을 사용하고, 남의 사정을 잘 이해하고 마음 씀씀이가 넓은 마음을 나타낼 때에는 '너그럽다'라는 낱말을 사용합니다.

2 '마음에 들지 않아서 탓하거나 미워하다.'는 '원망하다'의 뜻이고, '숨이 막힐 듯이 갑갑하다.'는 '답답하다'의 뜻입니다. 또 '느낌이 시원하고 산뜻하다.'는 '상쾌하다'의 뜻입니다.

3 '관대하다'는 '마음이 너그럽고 크다.'라는 뜻의 말입니다.

4 (1) 누나가 블록을 무너뜨렸다고 화를 내어 동생은 서러운 마음이 들었을 것이고, (2) 유리창을 깨뜨린 우찬이를 이해해 주신 아주머니의 마음씨는 너그럽습니다.

5 '불평하다'는 '어떤 일이나 사람을 마음에 들어하지 않다. 또는 그것을 말이나 행동으로 드러내다.'를 뜻하는 낱말로, '원망하다'와 뜻이 비슷합니다.

6 '서럽게 울다', '너그럽게 용서하다' 등 자주 같이 쓰이는 짝꿍 어휘를 잘 기억해 둡니다.

7 시현이는 일찍 하교하려 했는데 지승이가 자신을 붙잡고, 놀린 것에 화를 낸 것이 미안하여 편지를 쓴 것입니다.

8 시현이의 편지 내용 중 '너그럽게 용서해 줄래?'는 시현이가 지승이에게 자신의 사정을 이해해 용서해 주기를 바라는 내용일 뿐 시현이의 마음을 나타내지는 않습니다.

1 기쁨, 희망

2 (1) ㉢ (2) ㉣ (3) ㉤

3 ㉢　　　　　　　**4** 민결

5 (1) 뿌듯하다　(2) 질투하다

6 (1) 승리　(2) 감동

7 ①　　　　　　　**8** 통쾌했어요

2 역기를 든 선수가 걱정되어 불안한 마음, 글짓기 대회에서 상을 받았을 때 즐겁고 유쾌한 마음, 노래를 잘 부르는 친구를 부러워하는 마음에 각각 어울리는 말을 찾습니다.

3 ㉠은 '화가 난 인우가 전화를 끊는 모습이 매몰차다.', ㉡은 '같이 놀던 친구들이 모두 떠난 놀이터에서 혼자 있으려니 쓸쓸하다.' 등의 문장으로 완성하는 것이 알맞습니다.

4 '샘나다'는 '남의 것을 탐내거나, 형편이 나은 사람을 부러워하거나 싫어하는 마음이 생기다.'를 뜻하는 낱말입니다. 따라서 샘을 내자고 말하는 것은 적절하지 않습니다.

5 '뿌듯하다'는 '기쁨이나 감격이 마음에 가득하다.'라는 뜻으로 '벅차다'와 뜻이 통합니다. 또 '질투하다'는 '다른 사람이 잘되거나 좋은 처지에 있는 것을 괜히 미워하고 깎아내리려 하다.'라는 뜻으로 '샘나다'와 뜻이 통합니다.

6 '통쾌한 승리', '벅찬 감동'은 자주 사용하는 말입니다. 경기에서 이겼을 때의 마음과 무엇을 보고 크게 느껴 움직인 마음을 나타내는 말을 알아 둡니다.

8 ㉠에는 앞서 달리던 친구를 앞질렀을 때의 마음을 나타내는 말이 들어가야 합니다.

1 근사하다　　　　**2** 초조하다

3 ①　　　　　　　**4** 유쾌하다

5 (2) ○　　　　　　**6** 상쾌하다 / 샘나다

5 이 글은 '모순(矛 창 모, 盾 방패 순)'이라는 말이 생기게 된 유래입니다. 장사꾼은 자신이 한 말이 앞뒤가 맞지 않는다는 것을 깨닫고 난감한 마음이 들었을 것입니다.

▶ 관용어란, 두 개 이상의 낱말로 이루어져 있으면서 그 낱말들의 의미만으로는 전체의 의미를 알 수 없는, 특수한 의미를 나타내는 말입니다. 사람의 마음과 관련 있는 여러 가지 관용어의 뜻을 이해해 봅니다.

3주 일이 일어난 때와 관련된 말

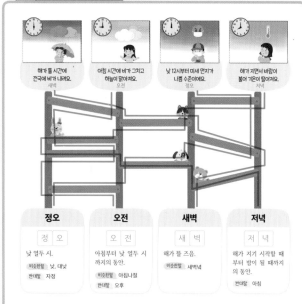

정오	오전	새벽	저녁
정오	오전	새벽	저녁
낮 열두 시.	아침부터 낮 열두 시까지의 동안.	해가 뜰 즈음.	해가 지기 시작할 때부터 밤이 될 때까지의 동안.
비슷한말 낮, 대낮 반대말 자정	비슷한말 아침나절 반대말 오후	비슷한말 새벽녘	반대말 아침

1 (1) ㉰ (2) ㉯ (3) ㉮

2 뜰

3 (1) 오전 (2) 저녁

4 고은

5 (1) ㉡, ㉣ (2) ㉠, ㉢

6 (1) ㉯ (2) ㉮

7 (1) ㉢ (2) ㉡

8 (1) ㉣ (2) ㉰ (3) ㉯ (4) ㉮

3 낮 열한 시는 낮 열두 시 이전의 '오전'에 해당되고, 해가 지는 때는 '저녁'에 해당됩니다.

5 '오후'는 '낮 열두 시부터 해가 질 때까지의 동안.'이라는 뜻으로 '오전'과 뜻이 반대이고, '아침'은 '날이 밝아올 때부터 해가 떠올라 하루의 일이 시작될 때쯤까지의 시간.'이라는 뜻으로 '저녁'과 뜻이 반대인 낱말입니다.

6 '이른'은 기준이 되는 때보다 앞서거나 빠른 때를 가리킬 때 사용하고, '무렵'은 어떤 때를 가리킬 때 사용합니다.

7 '낮'은 '오후 열두 시 전후로 해가 하늘에 가장 높이 떠 있는 때.'라는 뜻의 낱말이므로 '정오'와 바꾸어 쓰기에 적절합니다. '아침나절'은 '아침부터 점심이 되기 전까지의 시간.'이라는 뜻의 낱말이므로 '오전'과 바꾸어 쓰기에 적절합니다. 일기 예보에서 새벽부터 오전, 정오, 저녁까지 시간 순서대로 날씨를 설명하고 있습니다.

1 모레

2 (1) 엊그제 (2) 그저께 (3) 글피

3 (1) ㉯ (2) ㉮

4 (1) 글피 (2) 그저께

5 (1) ㉯ (2) ㉮ (3) ㉰

6 같은데

7 ㉣

8 (2) ○ (3) ○

2 '어제'는 '오늘의 바로 하루 전날.'을 뜻하고, '내후년'은 '올해로부터 삼 년 뒤의 해.'를 뜻하는 낱말입니다.

3 '엊그제'는 바로 며칠 전으로, 이모를 만난 과거의 일을 나타내는 말로 알맞습니다. '모레'는 내일의 다음 날로, 3일의 이틀 뒤인 미래를 나타내는 말로 알맞습니다.

4 (1)에서 오늘로부터 삼 일 뒤는 '글피'이고, (2)에서 오늘로부터 이틀 전은 '그저께'입니다.

5 '모레'는 내일의 다음 날, '그저께'는 어제의 전날, '엊그제'는 며칠 전을 뜻하는 낱말이므로 이와 뜻이 비슷한 낱말을 각각 찾아봅니다.

6 머지않은 일을 떠올려 말할 때, '엊그제 같다'라는 표현으로 짝을 이루어 말합니다.

7 목요일은 월요일을 기준으로 삼 일 뒤에 오는 날이므로, 빈칸에는 '글피'가 들어가야 알맞습니다.

8 빵을 처음 만든 게 엊그제 같은데 그저께가 빵집을 연 지 삼 년째 되는 날이었다고 하였습니다. 또 다양한 빵을 만드는 것에 매력을 느껴 제빵사가 되었다고 하였습니다.

3주 3일차

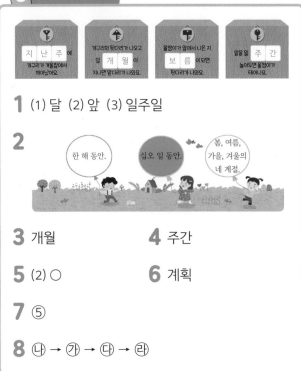

1 (1) 달 (2) 앞 (3) 일주일

2 한 해 동안. / 십오 일 동안. / 봄, 여름, 가을, 겨울의 네 계절.

3 개월　　　　**4** 주간

5 (2) ○　　　　**6** 계획

7 ⑤

8 ㉯ → ㉠ → ㉰ → ㉣

1 '날이나 날짜를 세는 단위.'는 '일'이고, '이번 주의 바로 뒤의 주.'는 '다음 주'이고, '한나절'은 '하룻낮의 반.'입니다.

2 '한 해 동안.'은 '연간', '봄, 여름, 가을, 겨울의 네 계절.'은 '사계절'이라는 낱말의 뜻입니다.

3 '개월'은 달을 세는 단위입니다. 이번 여름 방학은 일 개월이고, 아기가 태어난 지 십이 개월이 되면 돌잔치를 합니다. 또한 배 속에 아기를 가진 지 십 개월이 되면 아기를 낳습니다.

4 월요일부터 일요일까지 일주일 동안을 '주간'이라고 합니다. '보름'은 15일을 뜻하고, '지난주'는 이번 주의 바로 앞의 주를 뜻하므로 밑줄 친 부분과 뜻이 통하지 않습니다.

5 '주'는 '월요일부터 일요일까지의 칠 일 동안.'을 뜻하므로 '보름'과 뜻이 비슷하지 않습니다.

6 주어진 문장의 빈칸에는 '앞으로의 일을 생각하여 정함.'을 뜻하는 '계획'이라는 낱말이 들어가는 것이 알맞습니다. 주별로 짜는 '주간 계획', 월별로 짜는 '월간 계획' 등과 같이 짝을 이루어 사용되는 낱말을 기억합니다.

7 '보름'은 '십오 일 동안.'이라는 뜻입니다.

8 알에서 태어난 올챙이는 뒷다리가 먼저 나오고, 앞다리가 나오면서 꼬리가 짧아집니다. 꼬리가 없어지면 아가미가 사라지고, 허파와 피부로 숨을 쉴 수 있게 됩니다.

3주 4일차

1 (1) 내년 (2) 올해 (3) 작년

2 (1) ○　　　　**3** (1) 작년 (2) 올해

4 (1) 내년 (2) 재작년　　**5** (1) 금년 (2) 이듬해

6 초　　　　**7** ㉣

8 ⑤

2 '올해로부터 삼 년 뒤의 해.'라는 뜻을 가진 낱말은 '내후년'입니다. '재작년'이 '지난해의 바로 앞의 해.'를 뜻하는 낱말입니다.

3 '올해'는 '지금 지나가고 있는 이해.'를 뜻하는 낱말이므로, 이미 눈이 많이 내린 일과 어울리지 않습니다. 또 '작년'은 '지금 지나가고 있는 해의 바로 앞의 해.'를 뜻하는 낱말이므로, 앞으로 바다에서 물놀이를 실컷 하고 싶은 바람과 어울리지 않습니다.

5 '금년'은 '이번 해.'를 뜻하므로 '올해'와 뜻이 비슷하고, '이듬해'는 '어떤 일이 일어난 바로 다음 해.'를 뜻하므로 '내년'과 뜻이 비슷합니다.

6 학교 입학 시기는 해의 초기이므로, 빈칸에 어떤 기간의 처음이나 초기를 뜻하는 '초'가 들어가는 것이 알맞습니다.

7 일이 일어난 때를 나타내는 낱말을 시간 순서대로 정리하면 '재작년 – 작년 – 올해 – 내년'입니다. 따라서 '올해의 바로 다음 해.'를 뜻하는 '내년'이 가장 나중을 나타내는 낱말입니다.

8 놀부가 흥부에게 도둑질이라도 한 것이냐고 묻자 흥부는 부자가 된 사연을 곧이곧대로 말해 주었습니다.

1 ①

2 그제

3 ㉡

4 ④

5 (1) ○

6 지난주 / 글피

6 '지난주'는 '이번 주의 바로 앞의 주.'라는 뜻을 지닌 낱말이므로, 정수장을 다녀온 지난 일을 가리킬 때 사용하기에 알맞습니다. 또 '글피'는 '오늘을 기준으로 삼 일 뒤에 오는 날. 모레의 다음 날.'이라는 뜻을 지닌 낱말이므로, 발전소를 견학할 미래의 일을 가리킬 때 사용하기에 알맞습니다.

한 걸음 더!

▶ 세월이란 흘러가는 시간을 뜻합니다. '세월이 약'은 세월이 지남에 따라 힘든 일을 자연히 잊게 된다는 의미로 사용하고, '세월은 사람을 기다려 주지 않는다'는 꾸물거리다가는 해야 할 일을 못하고 만다는 의미로 사용합니다.

4주 재거나 세는 말

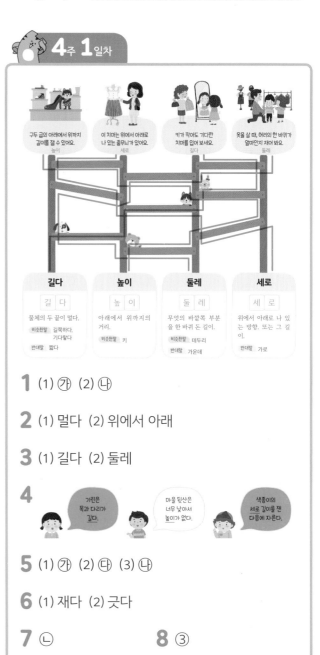

1 (1) ㉮ (2) ㉯

2 (1) 멀다 (2) 위에서 아래

3 (1) 길다 (2) 둘레

4
마을 뒷산은 아래에서 위까지의 거리, 즉 '높이'를 잴 수 있습니다. 따라서 마을 뒷산은 너무 낮아서 높이가 없다는 말은 알맞지 않습니다.

5 (1) ㉮ (2) ㉰ (3) ㉯

6 (1) 재다 (2) 긋다

7 ㉡

8 ③

3 '길다'는 물체의 두 끝이 먼 경우를 뜻하고, '둘레'는 무엇의 바깥쪽 부분을 한 바퀴 돈 길이를 뜻합니다.

4 마을 뒷산은 아래에서 위까지의 거리, 즉 '높이'를 잴 수 있습니다. 따라서 마을 뒷산은 너무 낮아서 높이가 없다는 말은 알맞지 않습니다.

5 '짧다'는 '공간이나 물체의 양 끝 사이가 가깝다.', '가로'는 '왼쪽에서 오른쪽으로 나 있는 방향. 또는 그 길이.', '가운데'는 '한 공간이나 사물의 모든 끝에서 거의 같은 거리로 떨어져 있는 부분.'을 뜻합니다.

ㄴ. 무게가 나가는 정도가 크다.

ㄴ. 통이나 그릇 안에 넣을 수 있는 물건이 차지하는 크기.

ㄴ. 수나 양이 일정한 기준에 미치지 못하다.

ㄴ. 수나 양이 일정한 기준을 포함하여 그보다 많거나 나은 것.

1 (1) 크다 (2) 많거나   **2** (1) 🏠 (2) 🏠

3 (1) 무겁다 (2) 적다   **4** (1) ㉯ (2) ㉮

5 육중하다, 묵직하다   **6** ㉠ 평균 ㉡ 수량

7 들이   **8** ⑤

1 '무게가 나가는 정도가 작다.'는 '가볍다'의 뜻이고, '수나 양이 일정한 기준을 포함하여 그보다 적거나 모자란 것.'은 '이하'의 뜻입니다.

2 '적다'는 '수나 양이 일정한 기준에 미치지 못하다.'라는 뜻입니다. '들이'는 '통이나 그릇 안에 넣을 수 있는 물건이 차지하는 크기.'라는 뜻입니다.

3 (1) 양팔 저울에 물건을 올려 보면 무게가 가볍고 무거운 것을 알 수 있습니다. (2) 물건 수를 세어 보면 곰 인형은 3개, 로봇은 1개이므로 곰 인형보다 로봇의 수가 적습니다.

4 주 3회를 포함하여 그보다 많이 피아노 연주를 한다는 내용의 빈칸에 '이상'이라는 낱말이 어울리고, 물과 음료수가 그릇을 차지하는 크기를 비교했다는 내용의 빈칸에 '들이'라는 낱말이 어울립니다.

5 '육중하다'는 '크고 둔하고 무겁다.'라는 뜻이고, '묵직하다'는 '다소 큰 물건이 보기보다 제법 무겁다.'라는 뜻입니다. '가볍다'는 '무겁다'와 뜻 반대인 낱말입니다.

6 '들이'란 통이나 그릇 안에 넣을 수 있는 물건이 차지하는 크기를 말합니다. L과 mL는 들이의 단위입니다.

7 '들이'란 통이나 그릇 안에 넣을 수 있는 물건이 차지하는 크기를 말합니다. L과 mL는 들이의 단위입니다.

8 키 120센티미터 이상, 나이 60세 이하면 회오리 미끄럼틀을 이용할 수 있습니다. 따라서, 키가 120센티미터를 포함하여 그보다 크면 이용할 수 있습니다.

1 (1) 폭 (2) 가늘다   **2** (1) 크다 (2) 작다

3 좁다   **4** (1) 가늘다 (2) 폭

5 (1) 넓다 (2) 얇다 (3) 굵다

6 (1) ○   **7** (4) ✕

8 (1) 땅따먹기 (2) 자치기 (3) 딱지치기 (4) 널뛰기

1 '평평한 면이나 넓은 물체의 가로 길이.'라는 뜻을 지닌 낱말은 '폭'입니다. '물건의 굵기가 보통보다 얇으면서 길다.'라는 뜻을 지닌 낱말은 '가늘다'입니다.

2 '두껍다'는 '물건의 두께가 보통보다 크다.'라는 뜻이고, '좁다'는 '면이나 바닥 등이 차지하는 크기가 작다.'라는 뜻입니다.

3 대화의 앞뒤 내용으로 볼 때, 의자가 한 명만 앉을 수 있을 정도로 크기가 작아서 여러 명이 함께 앉기에는 힘들겠다는 내용이 되도록 '좁다'가 들어가는 것이 알맞습니다.

4 면발의 굵기가 얇으면서도 길다고 했으므로 '가늘다'라는 낱말과 뜻이 통하고, 복도의 가로 길이를 재어 보자고 했으므로 '폭'이라는 낱말과 뜻이 통합니다.

5 '좁다'와 뜻 반대되는 낱말은 '면이나 바닥 등이 차지하는 크기가 크다.'라는 뜻의 '넓다'이고, '두껍다'와 뜻 반대되는 낱말은 '물건의 두께가 보통보다 작다.'라는 뜻의 '얇다'입니다. 그리고 '가늘다'와 뜻 반대되는 낱말은 '물건의 굵기가 보통보다 두껍다.'라는 뜻의 '굵다'입니다.

6 '폭'이 길이와 관련이 있으므로, 주어진 문장의 빈칸에는 길이를 나타내는 기본 단위의 하나인 '미터'라는 낱말이 들어가는 것이 알맞습니다.

7 '가늘다'와 '긴 물체의 둘레가 꽤 길거나 너비가 꽤 넓다.'는 뜻을 가진 낱말인 '굵직하다'는 뜻이 반대입니다.

8 이 글에서는 간단한 도구로 할 수 있는 놀이인 '딱지치기, 널뛰기, 땅따먹기, 자치기'의 놀이 방법을 차례대로 소개하였습니다.

1 (1) 속도 (2) 정각　　**2** (1) 빠르다 (2) 분

3 ㉡　　　　　　　**4** (1) ㉯ (2) ㉮ (3) ㉰

5 (1) 빠르기, 속력 (2) 날쌔다, 잽싸다

6 조절　　　　　　**7** ④

8 ㉯ → ㉰ → ㉮ → ㉱

2 움직이는 시간이 짧은 것은 '빠르다'의 뜻이고, 한 시간의 60분의 1을 나타내는 시간의 단위는 '분'의 뜻입니다.

3 ㉠은 스웨터를 만져 본 느낌을 나타낸 것이므로 빈칸에 '촉감'이라는 낱말이 들어가는 것이 알맞습니다. ㉡은 저울에 고깃덩어리를 올려놓고 무엇을 쟀는지 나타낸 것이므로 빈칸에 '무게'라는 낱말이 들어가는 것이 알맞습니다.

4 그림의 시계에서 긴바늘과 짧은바늘이 가리키는 것을 살펴보면 시간을 알 수 있습니다. 또, 달팽이보다 얼룩말이 움직이는 시간이 빠름을 알 수 있습니다.

5 '빠르기'는 '빠르고 느린 정도.'를, '속력'은 '속도의 크기. 또는 속도를 이루는 힘.'을 뜻하므로 '속도'와 뜻이 비슷한 낱말입니다. '날쌔다'는 '동작이 날래고 재빠르다.'를, '잽싸다'는 '동작이 매우 빠르고 날래다.'를 뜻하므로 '빠르다'와 뜻이 비슷한 낱말입니다.

6 어린이 보호 구역이란 유치원이나 초등학교 등의 주변 도로에 어린이를 보호하기 위해 지정한 곳입니다. 따라서 자동차의 빠르기를 알맞게 조절해야 한다는 문장으로 완성하는 것이 알맞습니다.

7 '빠르다'는 '어떤 행동을 하는 데 걸리는 시간이 길다.'라는 뜻의 '느리다'와 뜻이 반대되는 말입니다.

1 높이　　　　　　**2** ⑤

3 가벼운　　　　　**4** 적다

5 ④　　　　　　　**6** 정각 / 이상

4 현준이의 앞에 3명, 뒤에 9명이 서 있다고 했으므로 현준이의 앞에 서 있는 사람의 수가 뒤에 서 있는 사람의 수보다 적습니다.

한 걸음 더!

모두 수나 양이 얼마인지를 나타내는 관용어입니다. 이 중에서 '구름같이 모여들다'와 '셀 수 없을 만큼'은 많음과 관련이 있고, '병아리 눈물만큼'과 '빙산의 일각'은 적음과 관련이 있습니다.

5주 자연과 관련된 말

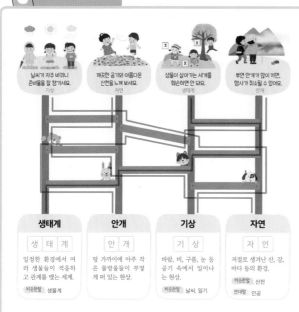

생태계

생태계

일정한 환경에서 여러 생물들이 적응하고 관계를 맺는 세계.

비슷한말 생물계

안개

안개

땅 가까이에 아주 작은 물방울들이 부옇게 떠 있는 현상.

기상

기상

바람, 비, 구름, 눈 등 공기 속에서 일어나는 현상.

비슷한말 날씨, 일기

자연

자연

저절로 생겨난 산, 강, 바다 등의 환경.

비슷한말 산천 반대말 인공

1 (1) 자연 (2) 생태계 **2** (1) ㉮ (2) ㉯

3 기상(날씨, 일기) **4** (1) 기상 (2) 자연

5 (1) 기상 (2) 자연 (3) 생태계

6 (2) ○ **7** ④

8 ④

2 '기상'은 '바람, 비, 구름, 눈 등 공기 속에서 일어나는 현상.', '안개'는 '땅 가까이에 아주 작은 물방울들이 부옇게 떠 있는 현상.'이라는 뜻을 가진 낱말입니다.

3 세 문장에는 '공기 속에서 일어나는 현상.'을 뜻하는 말이 들어가야 합니다.

4 비 소식에 어울리는 낱말은 '기상', 저절로 생겨난 환경인 바다에 어울리는 낱말은 '자연'입니다.

6 주어진 문장의 빈칸에는 '일이나 상황이 나쁜 방향으로 나아감.'을 뜻하는 '악화'가 들어가는 것이 알맞습니다.

7 주어진 글은 사람의 발길이 잘 닿지 않는 곳에서 열리는 야생화 축제를 안내하는 글입니다. 따라서 '아름다운 자연을 느껴 보세요.'라고 문장을 완성하는 것이 알맞습니다.

1 (1) ㉣ (2) ㉠ **2** 들

3 (1) 사막 (2) 평야 **4** ㉠

5 평야 **6** 드넓은

7 (3) ○ **8** ②, ④

1 '넓고 길게 흐르는 큰 물줄기.'를 뜻하는 낱말은 '강'이고, '수백 수천 년 동안 쌓인 눈이 얼음덩어리로 변한 것.'을 뜻하는 낱말은 '빙하'입니다.

2 '산지'와 '평야'의 뜻을 풀이한 두 문장의 빈칸에는 '들'이 들어가야 알맞습니다. '들'이란, 편평하고 넓게 트인 땅을 뜻하는 낱말입니다.

3 물이 없어서 동식물이 거의 살지 못하는 곳은 '사막'과 관련 있고, 농사를 짓는 곳은 '평야'와 관련 있습니다.

4 '산지'란 들이 적고 산이 많은 곳이므로, 수영할 장소로 어울리지 않습니다. 또 사막에는 동식물이 거의 살지 않습니다.

5 '평야'는 '땅의 겉면이 평평하고 넓은 들.'이라는 뜻으로, '산지'와 뜻이 반대인 낱말입니다.

6 '좁다랗다'는 좁다란 골목, 좁다란 방처럼 공간이 좁은 경우에 사용하고, '드넓다'는 드넓은 바다, 드넓은 초원, 드넓은 평야처럼 공간이 넓은 경우에 사용합니다.

7 (1)은 하천(강과 시내를 아울러 이르는 말.)의 모습이고, (2)는 바다의 모습입니다. 산지는 산이 아주 많은 곳이므로 답은 (3)입니다.

8 ①은 산지, ③은 평야, ⑤는 초원에 사는 사람들의 생활 모습입니다.

1 (1) 땅 (2) 절벽, 물줄기

2 (2) ○　　　　　**3** (1) 폭포 (2) 섬

4 갯벌

5 (1) 도서 (2) 해변 (3) 개펄

6 (1) ㉯ (2) ㉮　　　**7** ㉢

8 (1) 고사포 해수욕장 (2) 직소 폭포 (3) 하섬

1 '바닷가'의 낱말 뜻은 '바닷물과 땅이 서로 닿은 곳이나 그 근처.'이고, '폭포'의 낱말 뜻은 '절벽에서 쏟아져 내리는 세찬 물줄기.'입니다.

2 (1)에서 '나무들이 우거지거나 꽉 들어찬 곳.'은 '숲'의 뜻입니다. (3)에서 '주위가 물로 둘러싸여 물 위에 떠 있는 것처럼 보이는 땅.'은 '섬'의 뜻입니다.

3 (1)은 바위에서 떨어지는 물줄기인 폭포 소리가 우렁찼다는 내용이고, (2)는 독도는 우리나라 동쪽 끝에 있는 섬이라는 내용입니다.

4 호수는 땅으로 둘러싸인 큰 못입니다. 이 글에서 설명한 내용을 살펴보면 바닷물이 빠져나가면 먹이를 찾아 나온 생물들로 바글거린다고 했으므로, '이곳'은 '갯벌'임을 짐작할 수 있습니다.

5 '섬'은 주위가 물로 둘러싸여 물 위에 떠 있는 것처럼 보이는 땅으로, 크고 작은 섬을 뜻하는 '도서'와 뜻이 비슷하고, '바닷가'는 바닷물과 땅이 서로 닿은 곳이나 그 근처로, 바다와 육지가 맞닿은 곳이나 그 근처를 뜻하는 '해변'과 뜻이 비슷합니다.

6 '갯벌이 질척하다.', '바닷가를 거닐다.'와 같이 자주 쓰이는 짝꿍 어휘를 잘 기억해 둡니다.

7 '육지'는 '섬이 아닌, 대륙에 이어진 땅.'을 말합니다.

8 글쓴이는 직소 폭포, 고사포 해수욕장, 하섬의 순서대로 여행했습니다. 각 장소에서 글쓴이가 한 일을 정리해 봅니다.

1 일, 사건

2 (1) 방지하다 (2) 미치다

3 ㉢　　　　　**4** ㉡

5 까닭, 이유　　　**6** (1) 밝혀졌다 (2) 영향

7 (1) 막다 (2) 보존하다

8 (3) ○

1 '원인'은 '어떤 일이 일어나게 하는 근본이 된 일이나 사건.'이라는 뜻의 낱말입니다.

3 ㉠은 '치과에서 환자가 입을 벌려 진찰받다(진료받다).', ㉡은 '우편집배원이 매일 집집마다 우편물을 배달하다(나르다).', ㉣은 '기자가 방금 들어온 새로운 소식을 방송을 통해 여러 사람에게 알리다(보도하다, 전하다).' 등의 문장으로 완성하는 것이 알맞습니다.

4 지나치게 환경을 방지했다고 말하는 것은 적절하지 않습니다. "지나치게 환경을 개발해서(훼손해서) 동물들의 보금자리를 없앴기 때문이야."라고 말하는 것이 적절합니다.

5 '원인'과 뜻이 비슷한 말은 '일이 생기게 된 원인이나 조건.'이라는 뜻을 가진 '까닭', '어떠한 결과가 생기게 된 까닭이나 근거.'라는 뜻을 가진 '이유'입니다.

6 '원인으로 밝혀지다', '영향을 미치다'는 함께 자주 씁니다.

7 '방지하다'는 '어떠한 일이나 현상이 일어나거나 생기지 못하게 하다.'라는 뜻의 '막다'와 뜻이 비슷한 낱말입니다. '보호하다'는 '중요한 것을 잘 보호하여 그대로 남기다.'라는 뜻의 '보존하다'와 뜻이 비슷한 낱말입니다.

멸	온	천	새	우	미	치	다	하
종	기	상	알	생	일	갯	벌	번
나	들	이	우	태	으	목	원	데
생	활	초	주	계	키	평	야	기
폭	우	원	위	치	다	절	소	거
포	기	운	동	섬	하	약	원	인
줄	자	사	막	칠	거	름	철	새

1 보호하다 **2** 해변가

3 ⑤ **4** 산지

5 ③ **6** 섬 / 자연

2 '바닷가'는 '바닷물과 땅이 서로 닿은 곳이나 그 근처.'라는 뜻을 가진 낱말이므로, '해변가'와 바꾸어 쓰기에 알맞습니다.

4 나무가 우거지고 높은 곳이 어디인지 관련지어 봅니다.

한 걸음 더!

▶ 자연물의 모습이나 특징에 어울리는 다양한 속담을 알아보고, 적절한 경우에 사용해 봅니다. '벼 이삭은 익을수록 고개를 숙인다'는 많이 배우거나 능력이 뛰어난 사람이 더 겸손한 경우에 사용합니다.

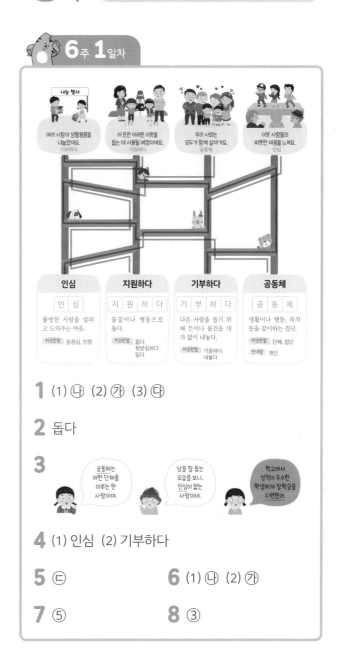

1 (1) ⓝ (2) ⓖ (3) ⓓ

2 돕다

3

4 (1) 인심 (2) 기부하다

5 ⓒ **6** (1) ⓝ (2) ⓖ

7 ⑤ **8** ③

3 어떤 단체를 이루는 한 사람은 공동체가 아닌 개인입니다. 또 남을 잘 돕는 모습을 보면 인심이 정말 좋은 사람임을 짐작할 수 있습니다.

5 '지원하다'는 '물질이나 행동으로 돕다.'라는 뜻을 가진 낱말로, '돕다', '뒷받침하다', '밀다' 등과 뜻이 비슷합니다.

6 '인정이 없고 모질다.'라는 뜻의 '각박하다'는 '인심'과 함께 사용하고, '가지고 있는 돈이나 돈으로 바꿀 수 있는 것.'이라는 뜻의 '재산'은 '기부하다'와 함께 사용합니다.

7 '지원하다'는 '뒤에서 지지하고 도와주다.'라는 뜻인 '뒷받침하다'와 바꾸어 쓸 수 있습니다.

13

1 (1) 좋다 (2) 일 (3) 친구

2 (2) ○   **3** (1) ㉮ (2) ㉯

4 (1) 원만하다 (2) 존중하다

5 (1) ㉰ (2) ㉮ (3) ㉯

6 (1) 관계 (2) 맡아

7 무시하다, 업신여기다

8 (2) ○ (4) ○

2 '대수롭지 아니하다.'는 '하찮다'의 뜻이고, '일을 빨리 하도록 조르다.'는 '재촉하다'의 뜻입니다. 또 '조심하거나 하지 않도록 미리 주의를 주다.'는 '경고하다'의 뜻입니다.

3 교실 청소는 맡은 일과 관련이 있고, 다른 반에도 아는 친구가 많은 것은 교우 관계가 좋은 것과 관련이 있습니다.

4 (1)의 사이좋게 지내는 것은 '원만하다'와 뜻이 통하고, (2)의 귀하게 여기는 것은 '존중하다'와 뜻이 통합니다. '솔직하다'는 '거짓이나 숨김이 없이 바르고 곧다.', '화려하다'는 '환하게 빛나며 곱고 아름답다.'라는 뜻의 낱말입니다.

6 '원만한 관계', '역할을 맡다'는 짝을 이루는 낱말입니다. 주어진 글에서 선생님은 아이들이 원만한 관계를 유지하게 하려고 노력하시고, 아이들끼리 다툼이 생겼을 때마다 해결사 역할을 맡아 주신다고 해야 합니다.

7 '업신여기다'는 '교만한 마음에서 남을 낮추어 보거나 하찮게 여기다.'라는 뜻으로, '무시하다'와 뜻이 비슷합니다.

8 (1) 자기가 맡은 역할을 성실하게 해야 합니다. (3) 친구에게 고운 말을 사용해야 합니다.

1 (1) 보살펴 (2) 모여 (3) 관계되는

2 뛰어난 사람.   남자 형제와 여자 형제.   가까이 사는 집. 또는 그런 사람.

3 동네(마을, 고장)   **4** 공공

5 (3) ○   **6** 노약자

7 ㉠   **8** (1) ㉰ (2) ㉯ (3) ㉮

1 '배려'는 도와주거나 보살펴 주려고 마음을 쓰는 것을 뜻하는 낱말이고, '동네'는 사람들이 생활하는 여러 집이 모여 있는 곳을 뜻하는 낱말입니다. 또 '공공'은 국가나 사회의 모든 사람에게 두루 관계되는 것을 뜻하는 낱말입니다.

2 '뛰어난 사람.'은 '인물', '남자 형제와 여자 형제.'는 '형제자매'라는 낱말의 뜻입니다.

3 '동네'는 사람들이 생활하는 여러 집이 모여 있는 곳으로, 뜻이 비슷한말로 '마을', '고장' 등이 있습니다.

4 여러 사람이 쉽고 편리하게 이용하게 하려고 만들어진 것은 국가나 사회 모든 사람에게 관계되므로 '공공'과 뜻이 통합니다.

5 '손해'는 '돈, 재산 등을 잃거나 정신적으로 해를 입는 것.'을 뜻하므로, '배려'와 뜻이 비슷하지 않습니다. '외부'는 '밖이 되는 부분.'을 뜻하므로, '이웃'과 뜻이 비슷하지 않습니다.

6 주어진 문장의 빈칸에는 '늙거나 약한 사람.'을 뜻하는 '노약자'라는 낱말이 들어가는 것이 알맞습니다. 노약자에 대해 관심과 배려를 아끼지 말아야 합니다.

7 '공동'은 '둘 이상의 사람이나 단체가 어떤 일을 함께 하거나 동등한 자격으로 관계됨.'이라는 뜻으로, '공공'과 뜻이 비슷한 낱말입니다.

8 글에서 설명한 여러 공공 기관과 하는 일을 알맞게 짝 지어 봅니다.

1 (1) 협력하다 (2) 친선 (3) 교류하다

2 (2) ○

3 (1) 협력 (2) 교류

4 (1) 지방 (2) 친선

5 (1) 주고받아 (2) 협동하여

6 도모한다

7 ③, ④　　　　**8** (1) ○

2 '지방'은 '일정한 기준이나 어떤 특징에 따라 나눈 땅.'을 뜻하는 낱말입니다. '한 나라의 중앙 정부가 있는 도시.'라는 뜻을 가진 낱말은 '수도'입니다.

3 (1)은 양 팀 선수들이 힘을 합하여 줄다리기를 하고 있다는 문장으로 '협력하다'라는 말이 어울리고, (2)는 시간과 장소에 관계없이 여러 지역에서 물품이 오가고 있다는 문장이므로 '교류하다'라는 말이 어울립니다.

5 '서로 주기도 하고 받기도 하다.'라는 뜻을 가진 '주고받다'가 '교류하다'와 바꾸어 쓸 수 있고, '어떤 일을 하기 위해 서로 마음과 힘을 하나로 합하다.'라는 뜻을 가진 '협동하다'가 '협력하다'와 바꾸어 쓸 수 있습니다.

6 세계 여러 나라와 사이좋게 지내기 위한 대책이나 방법으로 올림픽 경기를 하는 것이므로 '도모한다'가 들어가기에 알맞습니다.

7 ㉠에는 서로 친하고 가까워 사이가 좋음을 뜻하는 '친선'이나 서로 친하여 화목함을 뜻하는 '친목'이 들어가야 알맞습니다.

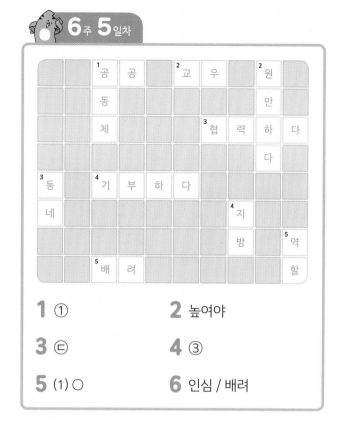

1 ①　　　　**2** 높여야

3 ㉢　　　　**4** ③

5 (1) ○　　　　**6** 인심 / 배려

4 가까이 사는 사람뿐만 아니라 우리가 생활하면서 관련을 맺으며 살아가는 사람도 모두 이웃입니다.

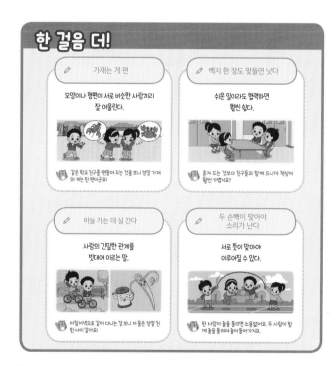

▶ 가재와 게, 바늘과 실, 두 손뼉은 서로 떼려고 해도 뗄 수 없는 것들입니다. 이처럼 생김새가 비슷하거나 서로 잘 어울리는 것을 빗대어 '가재는 게 편', '바늘 가는 데 실 간다', '두 손뼉이 맞아야 소리가 난다'와 같이 표현한 것입니다.

7주 우리 문화와 관련된 말

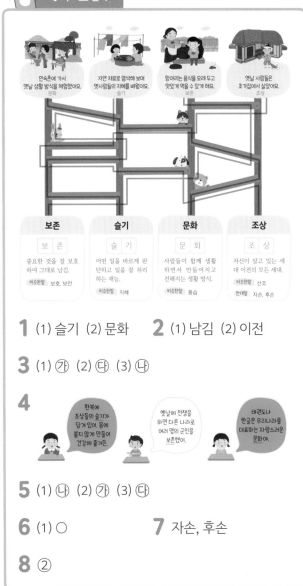

보존
중요한 것을 잘 보호하여 그대로 남김.
비슷한말 보호, 보전

슬기
어떤 일을 바르게 판단하고 일을 잘 처리하는 재능.
비슷한말 지혜

문화
사람들이 함께 생활하면서 만들어지고 전해지는 생활 방식.
비슷한말 풍습

조상
자신이 살고 있는 세대 이전의 모든 세대.
비슷한말 선조
반대말 자손, 후손

1 (1) 슬기 (2) 문화   **2** (1) 남김 (2) 이전

3 (1) ㉮ (2) ㉱ (3) ㉯

4

한복에 조상들의 슬기가 담겨 있어, 몸에 붙지 않게 만들어 건강에 좋거든.

옛날에 전쟁을 하면 다른 나라로 여러 명의 군인을 보존했어.

태권도나 한글은 우리나라를 대표하는 자랑스러운 문화야.

5 (1) ㉯ (2) ㉮ (3) ㉱

6 (1) ○   **7** 자손, 후손

8 ②

4 '보존'은 중요한 것을 잘 보호하여 그대로 남긴다는 뜻을 가지고 있으므로, 전쟁을 할 때 다른 나라로 군인을 보냈다는 내용에 사용할 말로 알맞지 않습니다.

5 사람들의 생활 방식을 뜻하는 '문화'와 '풍습', 그대로 남김을 뜻하는 '보존'과 '보호', 무엇을 잘 이해하고 판단하는 능력인 '슬기'와 '지혜'는 뜻이 비슷한 낱말입니다.

6 우리나라의 고유한 문화재는 보존 가치가 높습니다.

7 '조상'과 뜻이 반대인 낱말은 '자손'과 '후손'입니다. '자손'과 '후손'은 '자신의 세대에서 여러 세대가 지난 뒤의 자녀를 통틀어 이르는 말.'입니다.

ㄴ 바라는 일이 이루어지기를 빌다.
비슷한말 바라다, 빌다, 기도하다

ㄴ 설에 웃어른께 인사로 절을 하다.

ㄴ 매우 많아서 넉넉함이 있다.
비슷한말 넉넉하다, 풍부하다
반대말 모자라다, 부족하다

ㄴ 조상의 산소를 찾아가서 돌보다.

1 기원하다   **2** (1) ㉠ ○ (2) ㉡ ○

3 성묘하고

4 (1) 세배했다 (2) 풍요로운

5 (1) ㉮, ㉱ (2) ㉯, ㉲

6 승리   **7** ①

8 (1) × (2) ○ (3) ○

1 '기뻐하다'는 '마음에 기쁨을 느끼다.'라는 뜻의 낱말이고, '기록하다'는 '주로 후일에 남길 목적으로 어떤 사실이나 생각을 적거나 영상으로 남기다.'라는 뜻의 낱말이므로, 주어진 뜻과 관련이 없습니다.

3 빈칸에는 할아버지 산소에 가서 한 일과 관련된 낱말이 들어가야 하므로, '조상의 산소를 찾아가서 돌보다.'라는 뜻의 '성묘하다'가 들어가기에 알맞습니다.

5 '바라는 일이 이루어지기를 빌다.'라는 뜻의 '기원하다'와 뜻이 비슷한 낱말은 '바라다', '기도하다'입니다. 또 '매우 많아서 넉넉함이 있다.'라는 뜻의 '풍요롭다'와 뜻이 비슷한 낱말은 '넉넉하다', '풍부하다'입니다.

6 우리나라가 이기기를 바란다는 뜻의 문장으로, 빈칸에는 '승리'가 들어가기에 알맞습니다.

7 '빌다'는 '생각한 대로 이루어지기를 바라다.'라는 뜻으로, '기원하다'와 뜻이 비슷한 낱말입니다.

8 민우는 추석에 세뱃돈을 받으려고 열심히 어른들께 절을 했지만 세뱃돈을 받지 못했고, 변신 로봇을 선물 받지도 않았습니다.

1 (1) 민속놀이 (2) 풍물놀이

2 (1) 집 (2) 음식　　**3** 한옥

4 세아　　**5** (1) 양식 (2) 양옥

6 (1) ⑭ (2) ㉮　　**7** ㉡

8 ②

1 '소꿉놀이'의 뜻은 '아이들이 작은 그릇 등의 장난감을 가지고 어른들의 가정 생활을 흉내 내는 놀이.'입니다. 또 '판소리'의 뜻은 '이야기를 노래로 부르는 한국 전통 음악.'입니다.

2 '한옥'은 우리나라 고유의 방식으로 지은 집을 뜻하는 낱말이고, '한식'은 우리나라 고유의 음식이나 식사를 뜻하는 낱말입니다.

3 주어진 세 문장에서 빈칸의 앞뒤 내용을 보고 빈칸에 공통으로 들어갈 낱말을 알 수 있습니다. 빈칸에 들어갈 알맞은 낱말은 '우리나라 고유의 방식으로 지은 집.'을 뜻하는 '한옥'입니다.

4 선호는 "나는 피자, 햄버거와 같은 양식을 좋아해."라고 말해야 하고, 지영이는 "대표적인 민속놀이에 연날리기가 있어."라고 말해야 합니다. 세아가 말한 윷놀이는 편을 갈라 윷으로 승부를 겨루는 놀이로, 오늘날에도 하는 민속놀이가 맞습니다.

5 '양식'은 '서양식 음식이나 식사.'라는 뜻으로 '한식'과 뜻이 반대이고, '양옥'은 '서양식으로 지은 집.'이라는 뜻으로 '한옥'과 뜻이 반대입니다.

6 '한식'과 짝을 이루는 낱말은 '정갈하다'이고, '풍물놀이'와 짝을 이루는 낱말은 '흥겹다'입니다.

7 '전통 놀이'는 '옛날부터 전해 내려오는 놀이.'를 뜻하는 낱말입니다. '민속놀이'와 뜻이 비슷하여 바꾸어 쓸 수 있습니다.

8 농악이 유네스코 세계 문화유산으로 지정된 때는 2014년입니다.

1 (1) 나이 (2) 이름　　**2** (1) ⑭ (2) ㉮

3 (1) 연세 (2) 성함

4 (1) 댁 (2) 생신 (3) 성함

5 성명, 존함

6 ㉠ 맞아　㉡ 방문하기로

7 ㉡

8 (1) ○ (2) × (3) ○ (4) ×

2 '댁'은 '남의 집이나 가정을 높여 이르는 말.'이라는 뜻이고, '생신'은 '생일을 높여 이르는 말.'이라는 뜻입니다.

3 (1)은 아빠의 나이를 표현하기에 적절한 '연세'가 들어가기에 알맞습니다. (2)는 할머니 두 분의 이름을 표현하기에 적절한 '성함'이 들어가기에 알맞습니다.

5 '성명'은 '성과 이름을 아울러 이르는 말.'이고, '존함'은 '남의 이름을 높여 이르는 말.'이라는 뜻입니다. 따라서 '성함'과 뜻이 비슷하여 바꾸어 쓸 수 있습니다.

6 '맞다'는 시간과 관련한 말이므로 '생신을 맞다'와 같이 짝을 이루어 사용하는 것이 알맞습니다. 또 '방문하다'는 장소와 관련한 말이므로 '댁에 방문하다'와 같이 짝을 이루어 사용하는 것이 알맞습니다.

7 ㉡은 '이름'이 아니라 '성함'으로 고쳐야 합니다.

8 지훈이 할머니의 생신은 이번 주말입니다. 지훈이와 누나는 생신 선물로 백설기로 만든 케이크를 골랐습니다.

슬⁹	그	머	니	소	민⁸	속	놀	이
기	준	비	밀	숙	제	점	수	번
억	한⁶	식	사⁴	문¹⁰	화	장	품	기⁵
하	옥	군	악	부	보⁷	존	대	원
다	리	성²	공	호	랑	이	축	하
르	열	함	항	소	풍³	요	롭	다
다	선	박	지	연¹	세	배	하	기

1 한옥   **2** 농악

3 ④   **4** 슬기

5 ④   **6** 조상 / 민속놀이

3 '필요한 양이나 기준에 미치지 못해 충분하지 아니하다.'
라는 뜻을 가진 '부족하다'가 '풍요롭다'와 뜻이 반대되는
낱말입니다.

한 걸음 더!

김칫국부터 마신다	우물에 가 숭늉 찾는다
해 줄 사람은 생각지도 않는데 미리부터 다 된 일로 알고 행동한다.	일에는 질서와 차례가 있는데 일의 순서도 모르고 성급하게 덤빈다.
나랑 도서관에 간다고? / 김칫국 좀 그만 마셔.	왜 내가 안 자랄까?
남자아이는 도서관에 같이 갈 생각이 없는데 여자 아이는 도서관에 같이 간다고 생각하나 봐요.	물만 있는 우물에 밥을 먹고 끓인 숭늉이 있을 수 없듯, 씨를 뿌리자마자 벼가 자랄 수도 없어요.
뚝배기보다 장맛이 좋다	남의 손의 떡은 커 보인다
겉모양이 보잘것없어도 내용은 훌륭하다.	내 것보다 다른 사람의 것이 더 좋게 느껴진다.
못생겨도 맛있어!	저게 더 커 보이잖아
꼭 보기 좋은 음식이 맛있는 건 아니랍니다. 볼품이 없어도 맛있는 음식들이 있어요.	같은 크기의 떡이라도 왜 내가 가진 것보다 남이 가진 것이 더 크고 맛있게 보일까요?

▶ '우물에 가 숭늉 찾는다'에서 우물은 물을 긷기 위하여 땅
을 파서 지하수가 고이게 한 곳이고, '숭늉'은 밥을 지은
솥에서 밥을 퍼내고 물을 부어 끓인 물을 말합니다. 성미
가 급해 터무니없이 재촉하거나 참고 기다리지 못한 경우
에 사용하는 속담입니다.

8주 

산업과 관련된 말

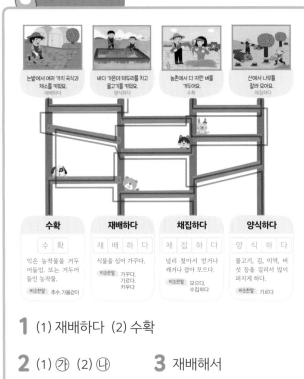

수확	재배하다	채집하다	양식하다
수 확	재 배 하 다	채 집 하 다	양 식 하 다
익은 농작물을 거두어들임. 또는 거두어들인 농작물.	식물을 심어 가꾸다.	널리 찾아서 얻거나 캐거나 잡아 모으다.	물고기, 김, 미역, 버섯 등을 길러서 많이 퍼지게 하다.
비슷한말 추수·가을걷이	비슷한말 가꾸다·기르다·키우다	비슷한말 모으다·수집하다	비슷한말 기르다

1 (1) 재배하다 (2) 수확

2 (1) ㉮ (2) ㉯   **3** 재배해서

4 (1) 채집하다 (2) 수확

5 (1) 채집하다 (2) 양식하다

6 (2) ○ (3) ○   **7** 뿌리다

8 ㉯, ㉰

3 비닐하우스에서 수박을 심어 가꾼다는 내용의 문장으로,
빈칸에는 '식물을 심어 가꾸다.'라는 뜻의 '재배하다'가 들
어가기에 알맞습니다.

4 고추잠자리를 많이 잡은 일에는 '채집하다'라는 낱말이 어
울리고, 텃밭에서 처음 방울토마토를 거두어들인 일에는
'수확'이라는 낱말이 어울립니다.

5 '수집하다'는 '거두어 모으다.'를 뜻하므로 '채집하다'와 뜻
이 비슷하고, '기르다'는 '보살펴 자라게 하다.'를 뜻하므로
'양식하다'와 뜻이 비슷합니다.

7 '재배하다'와 바꾸어 쓸 수 있는 낱말은 '식물이 잘 자라도
록 보살피다.'라는 뜻의 '가꾸다'와 '동식물을 보살펴 자라
게 하다.'라는 뜻의 '기르다'와 '키우다'입니다.

1 (1) 건설하다 (2) 생산하다

2 (1) 가동하다 (2) 활용하다

3 주훈, 민하

4 활용

5 (1) ㉠: 작동했어요 (2) ㉡: 제조할

6 도로　　　　　　**7** ③

8 (1) ✕ (2) ○ (3) ○

1 '건물이나 시설을 새로 짓다.'라는 뜻을 가진 낱말은 '건설하다'이고, '사람이 생활하는 데 필요한 물건을 만들다.'라는 뜻을 가진 낱말은 '생산하다'입니다.

3 승규는 '활용하다'를 넣어 "버려진 땅을 주차장으로 활용하고 있어."라고 말해야 합니다.

4 '어떤 것의 쓰임이나 능력을 충분히 잘 이용하다.'라는 뜻을 가진 '활용하다'가 빈칸에 어울립니다.

5 '작동하다'는 '기계 등이 움직여 일하다. 또는 기계 등을 움직여 일하게 하다.'라는 뜻으로 '가동하다'와 뜻이 비슷하고, '제조하다'는 '공장에서 큰 규모로 물건을 만들다.'라는 뜻으로 '생산하다'와 뜻이 비슷합니다.

7 '헐다'는 '집 등의 건축물이나 쌓아 놓은 물건을 무너뜨리다.'라는 뜻의 낱말이므로, '건설하다'와 뜻이 반대입니다.

8 정우는 임실 치즈가 유럽에서 처음 생산되었다고 말한 것이 아니라, 유제품이 주로 유럽에서 생산하는 줄 알고 있었다고 한 것입니다.

1 팔다

2

3 (1) 운반하다 (2) 판매하다

4 (1) 제공한다 (2) 관리할

5 판매하다　　　　　**6** (2) ○

7 ⑤　　　　　　　　**8** 고르다

1 '판매하다'는 '상품 등을 팔다.'라는 뜻입니다.

2 '관리하다'의 뜻은 '시설이나 물건을 유지하거나 더 좋게 고치다.'이고, '제공하다'의 뜻은 '무엇을 내주거나 갖다 바치다.'입니다.

3 (1)의 이삿짐을 나르는 일은 '운반하다'와 어울리고, (2)의 옷을 파는 일은 '판매하다'와 어울립니다.

4 (1)의 그림에서 나무는 그늘을 주고 있으므로 '제공한다'가 어울리고, (2)의 그림에서 용돈 기입장을 쓰면 용돈을 어디에 썼는지 잘 맞아 알 수 있다는 내용이므로 '관리하다'가 어울립니다.

5 '값을 치르고 자기 것으로 만들다.'를 뜻하는 낱말인 '사다'와 뜻이 반대인 낱말은 '판매하다'입니다.

6 주어진 문장의 빈칸에는 '일터나 직장과 같이 직업으로 삼아 일하는 곳.'을 뜻하는 '일자리'가 들어가는 것이 알맞습니다.

7 서비스업은 물건을 직접 만드는 것이 아니라 만들어진 물건을 팔거나 사람들의 생활을 편리하게 해서 만족을 주는 일을 말하는 것입니다.

8 '고르다'는 '여럿 중에서 어떤 것을 가려내거나 뽑다.'라는 뜻을 가진 낱말이므로, '운반하다'와 비슷한 뜻을 가진 낱말이 아닙니다.

1 (1) ㄴ ○ (2) ㄴ ○ **2** (1) 짐작 (2) 조사

3 ㄱ **4** ㄱ

5 (1) ○ **6** ㄱ 장래 ㄴ 학자

7 ③ **8** ②, ③

1 '몰두하다'는 '어떤 일에 온 정신을 다 기울여 열중하다.'라는 뜻이고, '발명하다'는 '아직까지 없던 기술이나 물건을 새로 생각하여 만들어 내다.'라는 뜻입니다. (1)의 ㄱ은 '건강하다', (2)의 ㄱ은 '가꾸다'의 뜻입니다.

3 '몰두하다'는 '어떤 일에 온 정신을 다 기울여 열중하다.'라는 뜻으로 친구들이 떠드는 상황에는 어울리지 않습니다. ㄱ은 '친구들이 떠들어서 시끄럽다.'와 같은 문장으로 완성하는 것이 알맞습니다.

4 '발명하다'는 '아직까지 없던 기술이나 물건을 새로 생각하여 만들어 내다.'라는 뜻의 낱말입니다. 따라서 나비를 새로 생각하여 만들어 내라고 말하는 것은 알맞지 않습니다.

6 '미리 헤아려 짐작하다.'라는 뜻을 가진 '예측하다'와 짝을 이루는 낱말은 '장래'입니다. 또 '깊이 있게 조사하고 생각하여 진리를 따져 보다.'라는 뜻을 가진 '연구하다'와 짝을 이루는 낱말은 '학자'입니다.

7 라이트 형제는 수천 권의 책을 읽으며 하루도 빠짐없이 비행기만 생각하고 비행기 설계를 연구하였습니다.

8 바로 앞 문장에 '1903년에 결국 글라이더에 엔진과 프로펠러를 달아 만든 비행기를 타고 하늘을 날았어요.'라는 내용이 있으므로, ㄱ에는 '개발'이나 '발명'이 들어가기에 알맞습니다.

1 재배하기 **2** 공급하다

3 ② **4** 예측

5 (3) ○ **6** 관리 / 가동

4 비의 양이 농사에 큰 영향을 끼쳤기 때문에 조상들에게 날씨를 예측하는 일은 중요했음을 짐작할 수 있습니다.

▶ 사람이 살아가는 데 필요한 돈이나 물건 등을 만들고 쓰는 모든 활동을 일컬어 경제생활이라고 합니다. 가진 돈이 적은 상황에서는 '허리띠를 졸라매다'가 어울리고, 가진 돈이 많은 상황에서는 '주머니 사정이 좋다'가 어울립니다.

하루의 학습이 끝날 때마다
붙임딱지를 골라 붙여 케이크를 꾸며 보세요.